Kinder der Welt 68

 Im Urwald 74

 Fit mit Quiesel 5 82

 Bilder lesen 84

 Selten so gelacht 90

 Fit mit Quiesel 6 98

 Rad fahren 100

 Durch das Jahr 106

 Fit mit Quiesel 7 124

 Fachbegriffe 126

ABC Wörterliste 130

••• Lernziele 136

Hallo, ich bin Quiesel. Ich gebe dir viele Tipps.

2 Übungsaufgabe

2 Zusatzaufgabe mit geringem Anspruchsniveau

2 Zusatzaufgabe mit höherem Anspruchsniveau

Mein Sprachbuch

- Verwandte suchen
- Merkwörter
- Schwingen
- Verlängern
- Armprobe

START

Hilfe

Wie viele Frösche gibt es auf Seite 32?

Welche drei Tipps musst du bei einer Wegbeschreibung beachten?

Wer erschreckt die Kinder bei der Lesenacht?

Wie heißen die drei Kinder, die im Kino sitzen?

Welche beiden Tiere kannst du durch die vier Jahreszeiten begleiten?

Ist ein Ameisenbär schwerer als ein Puma?

- Quiesel-Karte
- Recherche
- Folientechnik

Welche drei Fabelwesen begegnen dir auf den Seiten 28/29?

• Lernziele der Seite • passende Seite des Übungsheftes • Verweise zum Förderheft (FO) und Förderheft (FÖ)

Sprachen verstehen

1. Aus welchen Ländern kommen die Menschen?
   - Woran erkennst du das?
   - Welche Sprachen sprechen sie?

2. Erzähle, was die Menschen sagen. Was hat dir geholfen, sie zu verstehen?

3. Welche Wörter sind aus einer fremden Sprache?

Sprachen verstehen

1. Wie können die Gespräche weitergehen?

2. Wie können sich die Menschen verständigen, die nicht die gleiche Sprache verstehen?

3. Denkt euch einige solcher Szenen aus und spielt sie vor.

• Wörter aus fremden Sprachen untersuchen und klären

• FO: Seite 4–7

Ein Land vorstellen

1. Erzählt, was die Kinder tun.
2. Wie haben die Kinder ihre Wandzeitung geplant?
3. Zu welchem Land wollt ihr eine Wandzeitung machen? Was soll auf die Wandzeitung? Macht Vorschläge und einigt euch.
4. Verteilt die Aufgaben in der Klasse.
5. Wie wollt ihr die Wandzeitung gestalten? Was ist euch wichtig?

• Kriterien für eine Wandzeitung abstimmen und umsetzen

• FO: Seite 4–7

Sprachen verstehen

Sprachen vergleichen

1 Welche Bilder gehören zu den Wörtern? Schreibe so: der Ball – the ball, …
   Unterstreiche Nomen und Artikel (Begleiter) mit verschiedenen Farben.

2 Vergleiche die Nomen und Artikel (Begleiter) in beiden Sprachen.
   Was ist bei den Nomen anders, was bei den Artikeln (Begleitern)?

3 Schreibe die Tabelle ab und unterstreiche alle Adjektive.

4 Ergänze die Tabelle.

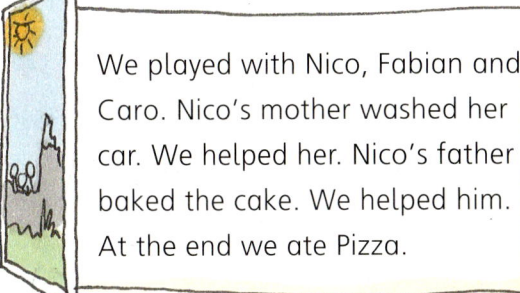

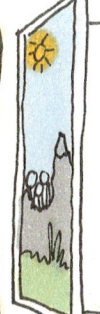

5 Unterstreiche in beiden Texten die Verben.

6 Beim Übersetzen sind die Sätze durcheinandergeraten. Was ist vertauscht?
   Schreibe die deutsche Übersetzung in der richtigen Reihenfolge auf.

• Wortarten erkennen
• Unterschiede zur englischen Sprache entdecken

• Seite 4
• Seite 6

• FÖ: Seite 4–7
• FÖ: Seite 30–32, 41
• FÖ: Seite 49

9

Texte mit der Quiesel-Karte überprüfen

1. Lies aufmerksam Wort für Wort von vorn nach hinten.
   - Wurde ein Wort vergessen?
   - Wurden alle Punkte, Fragezeichen oder Ausrufezeichen gesetzt?
   - Wurde am Satzanfang großgeschrieben?

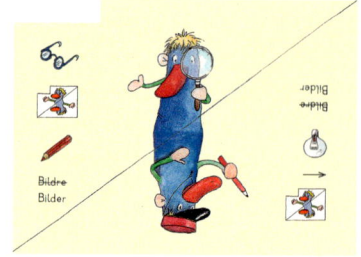

2. Lies aufmerksam Wort für Wort von hinten nach vorn.
   - Wurden Buchstaben ausgelassen?
   - Wurden Buchstaben vertauscht?
   - Wurden Buchstaben hinzugefügt?

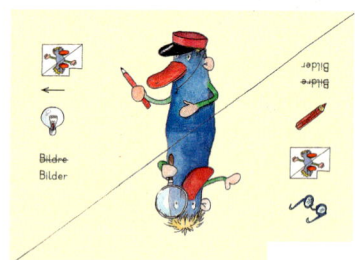

3. Lies noch einmal aufmerksam Wort für Wort von vorn nach hinten.
   - Wurden die Nomen großgeschrieben?
   - Prüfe, ob alle Tipps angewendet wurden.

1 Erkläre, wie man mit der Quiesel-Karte arbeitet.

Besuch aus Großbritannien
Sam, Bill und Susi sind bei uns zu Besuch. Sie komen aus London, der Hauptstadt von Großbritannien. Sie wollen Deutschlant kennenlernen Ihre Eltern machen mit ihnen zusammen Urlaub. wir haben sie zum ersten Mal auf dem Flughafenf getroffen. Wir haben un sofort verstanden. Deshalb hat mein vater die Familie Jagger eingeladen. So heißen Sam, Bill und Susi mit Nachnamen. Wir viel zsammen unternommen. Und wir haben viel geerdet. Ich verstehe jetzt die änglische sprache vile besser.

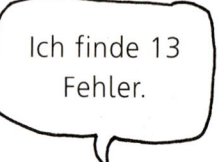

Ich finde 13 Fehler.

2 Überprüfe den Text in drei Schritten.
Finde die Fehler und schreibe den Text richtig auf.

- Fehler finden mit der Quiesel-Karte
- Seite 5
- FO: Seite 4–7
- FÖ: Seite 21

Sprachen verstehen

Zusammengesetzte Wörter

der Abschied	
die Burg	
Deutschland	
das Geschenk	
das Grab	
der Urlaub	
der Weg	
der Zug	

die Eltern
das Erlebnis
die Familie
Großbritannien
der Herr
englisch
nämlich
zurück

1 Welche Wörter meint Sam?

2 Schreibe die zusammengesetzten Nomen auf.
die Räder – das Rad → der Ra<mark>d</mark>fahrer, …

3 Finde weitere Zusammensetzungen mit Wörtern,
die **d** oder **t**, **b** oder **p**, **g** oder **k** am Wortende haben.

Zurück nach Großbritannien

Seit zwei Wochen macht Sam nun schon Urlaub in Deutschland. Schnell lernt er von Felix die deutsche Sprache, und Felix lernt die englische Sprache. Felix und Sam sind richtig gute Freunde geworden. Zum Abschied besichtigen sie eine Burg. Von hier oben können sie über das ganze Land sehen. Zum Grab des Burgherrn müssen sie den gefährlichen Weg über eine verfallene Zugbrücke gehen. Sam ist ganz aufgeregt. Am Abend erzählt er seinen Eltern sofort von seinem Erlebnis. Leider muss Sam nun mit ihnen zurück nach Großbritannien.

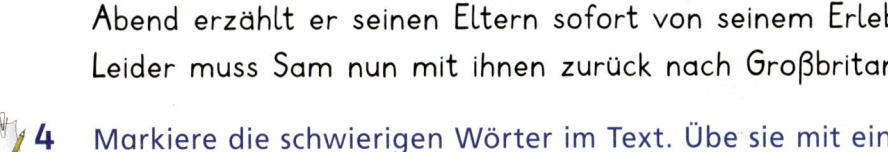

 4 Markiere die schwierigen Wörter im Text. Übe sie mit einem Partner.

Der Ball ist rund

HANDBALL   TENNIS   FUSSBALL   GOLF

V O L L E Y B A L L

S Q U A S H

JONGLIEREN   WASSERBALL   FOOTBALL

1 Welche Bälle kennst du? Was kannst du damit spielen?

2 Bringt viele Bälle mit in die Klasse.

3 Wähle einen Ball aus und beschreibe ihn genau:
- 🍉 Größe?
- 🍉 Gewicht?
- 🍉 Besonderheiten?

- verschiedene Sportarten kennenlernen und Bälle zuordnen
- FO: Seite 8–11

Der Ball ist rund

BASKETBALL CRICKET POLO

HOCKEY BASEBALL RUGBY

VÖLKERBALL TISCHTENNIS GYMNASTIK

1 Was stimmt bei dem Spiel der Kinder nicht?

2 Warum verwendet man für viele Sportarten spezielle Bälle? Begründe deine Überlegungen.

3 Wähle eine Ballsportart aus und stelle sie der Klasse vor. Beachte:
- Klare, kurze Sätze!
- Frei erzählen!
- Blickkontakt zu den Zuhörern!
- Sich Zeit lassen!

- Zusammenhang herstellen und begründen
- Ballspiel vorstellen

• FO: Seite 8–11

Das besondere Spiel

Tipps für einen Bericht

- Schreibe nur, was wirklich passiert ist.
- Vermeide die wörtliche Rede und die eigene Meinung.
- Verwende die einfache Vergangenheit.

1. Erzähle zu den Bildern.
2. Schreibe einen Bericht zu dem Fußballspiel. Beachte die Tipps.

Ein Bericht für die Schülerzeitung

Deine eigene Meinung darfst du aber nicht aufschreiben.

Bericht über das letzte Heimspiel
Gestern war der große Tag. Unsere Fußballmannschaft „Grüne Riesen" hat gegen die „Roten Tiger" gespielt. Ich war ganz aufgeregt, als der Anpfiff ertönte. Einige Zuschauer rufen: „Riesen vor, macht ein Tor!" Plötzlich pfeift der Schiedsrichter und zeigt auf den Elfmeterpunkt vor dem Tor unserer Mannschaft. Ich glaube nicht, dass er den Spieler richtig sehen konnte. Ein Spieler ruft: „David soll schießen." Der Spieler legte sich langsam und siegessicher den Ball zurecht. Unser Torwart sprang aufgeregt hin und her. Er schien Angst zu haben …

1 Markiere die Stellen, bei denen Quiesels Tipps nicht beachtet wurden.

2 Vergleicht eure Ergebnisse in einer Schreibkonferenz.

3 Überprüfe in deinem Bericht, ob du Quiesels Tipps beachtet hast.

4 Lies deinen Bericht vor.

Überraschungsball

Heute spielen wir Überraschungsball. Dabei spielen zwei Mannschaften mit einem Ball. Drei bis vier Personen bilden eine Mannschaft. Zwischen den Mannschaften steht eine Mauer aus Weichbodenmatten. Vor Spielbeginn legt ein Schiedsrichter die Spieldauer fest. Alle Spieler bewegen sich nur im Sitzen. Jeder wirft nur aus dieser Lage den Ball. Das Spiel beginnt. Der Ball fliegt über die Mauer. Der Gegner passt auf. Er fängt den Ball. Wir bekommen keinen Punkt. Der Erstfänger wirft den Ball nicht sofort zurück. Erst der dritte Spieler wirft wieder über die Mauer. Wir schauen auf den Ball. Unser Mitspieler kann den Ball nicht fangen. Der Ball berührt den Boden. Jetzt erhält die andere Mannschaft einen Punkt. Am Ende haben wir trotzdem die meisten Punkte. Unsere Mannschaft gewinnt!

1 Erkläre das Spiel mit eigenen Worten.

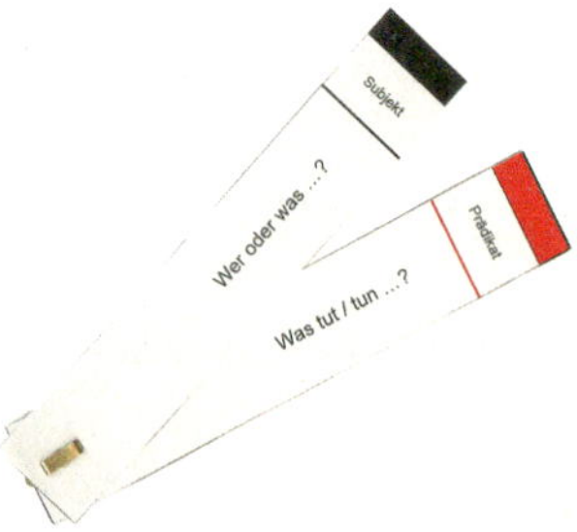

2 Frage nach den Subjekten in den Sätzen. Schreibe so:
Wer oder was spielt heute Überraschungsball? – wir

3 Frage nach den Prädikaten in den Sätzen. Schreibe so:
Was tun wir heute? – spielen

> Das Satzglied, das auf die Frage **„Wer oder was …?"** antwortet, ist das **Subjekt**.
>
> Das Satzglied, das auf die Frage **„Was tut …?"** oder **„Was tun …?"** antwortet, ist das **Prädikat**.

- Funktion des Subjekts
- Funktion des Prädikats
- Seite 8
- FÖ: Seite 8–11
- FÖ: Seite 54
- FÖ: Seite 55

Der Ball ist rund

Spiel, Ball und Sieg

SPIELER RUNDLICH SPIELEND
SIEGLOS SPIELREGEL
RUNDFUNK BESIEGEN SPIELTISCH
VERSPIELT UMRUNDEN SIEGER SIEGESBEWUSST
UNBESIEGBAR RUNDUNG SIEGEREHRUNG
GLÜCKSSPIEL SPIELENTSCHEIDEND ZUSAMMENSPIEL ABRUNDEN
SIEGERPOKAL SPIELWAREN RUNDHOLZ VORSPIELEN
SPIELFILM RUNDSCHLAG TURNIERSIEG RUNDE SPIELART
RUNDLAUF SIEGESSICHER GESCHICKLICHKEITSSPIEL

1 Welche Wörter gehören zu einer Wortfamilie? Begründe.

2 Schreibe die Tabelle in dein Heft und trage die Wörter ein. Achte auf die Großschreibung und ergänze bei den Nomen den Artikel (Begleiter).

SPIEL	SIEG	RUND
der Spieler		

3 Markiere den Wortstamm.

Der 🏀zug in der letzten 🏀e war 🏀entscheidend.

Die 🏀er umrunden winkend das 🏀feld.

Der 🏀führer bekommt den 🏀erpokal.

Im 🏀funk wird von der 🏀erehrung berichtet.

4 Schreibe die Sätze auf und ergänze einen passenden Wortstamm.

5 Markiere die Wörter, die zu einer Wortfamilie gehören.

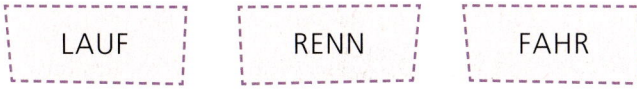

LAUF   RENN   FAHR

6 Finde Wörter zu den Wortstämmen und schreibe die Wortfamilien auf.

• Wortstamm
• Wortfamilie
• Seite 9
• FO: Seite 8–11
• FO: Seite 16–17

Hüpfball

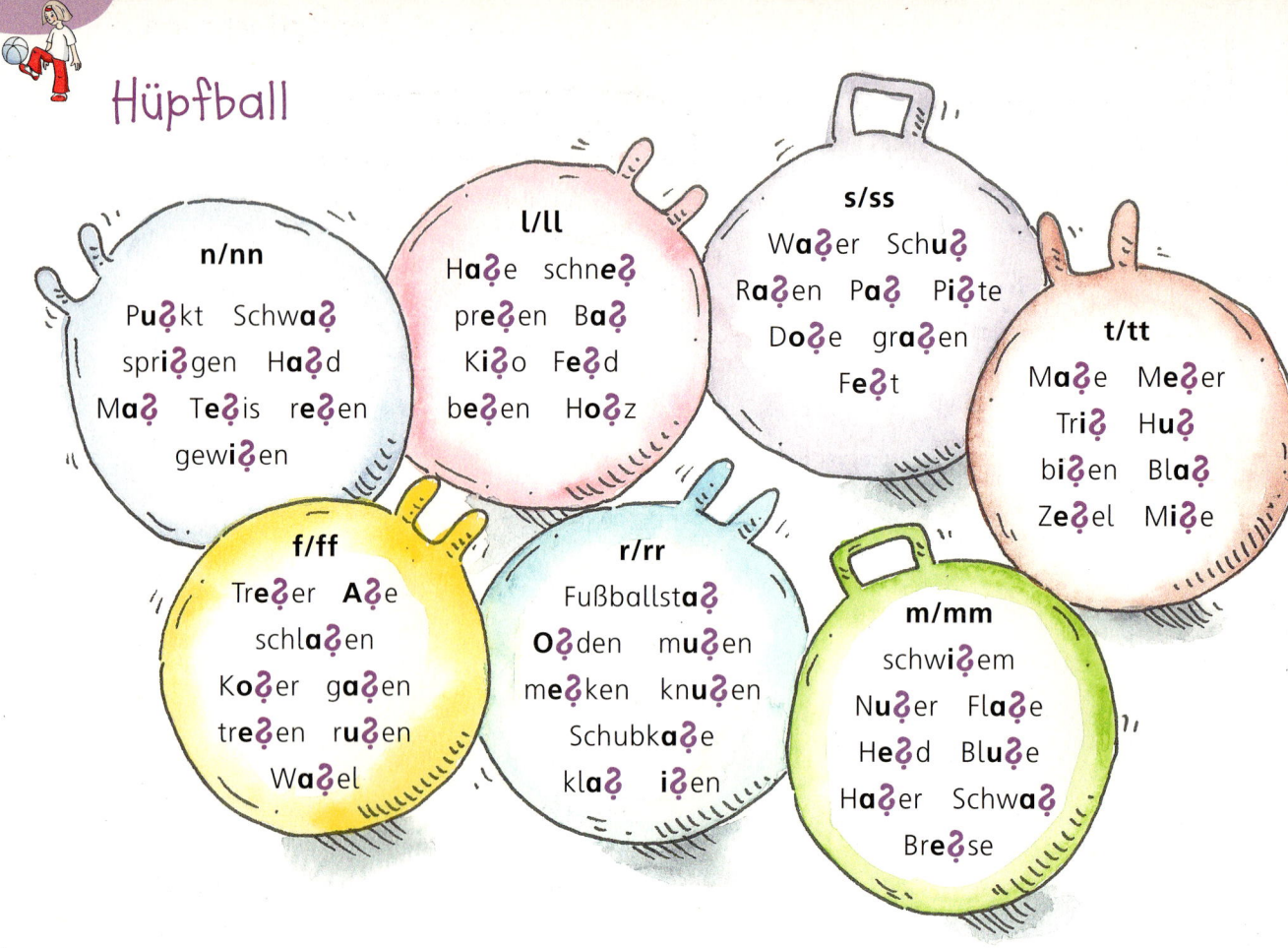

1. Prüfe, ob der markierte Selbstlaut lang oder kurz ist.

2. Schreibe die Tabelle in dein Heft und trage die Wörter ein.

kurzer Selbstlaut + verschiedene Mitlaute	kurzer Selbstlaut + doppelter Mitlaut
der Punkt	schnell

Hörst du nach einem kurzen Selbstlaut nur einen Mitlaut, musst du ihn verdoppeln.

Beim Basketball werfen die Spieler auf Körbe. Jeder getroffene Korb zählt zwei Punkte. Handball wird meistens in der Halle gespielt. Das Spielfeld misst weniger Meter als ein Fußballplatz. Auch auf einer Tischplatte kann man Tennis spielen. In der Mitte wird ein Netz gespannt. Die Schläger sind aus Holz. Die Wasserballer tragen Kappen mit Nummern. Sie müssen gut schwimmen und tauchen können.

3. Setze beim Abschreiben die Mitlaute richtig ein.

Profikarten-Spieler

Der Ball ist rund

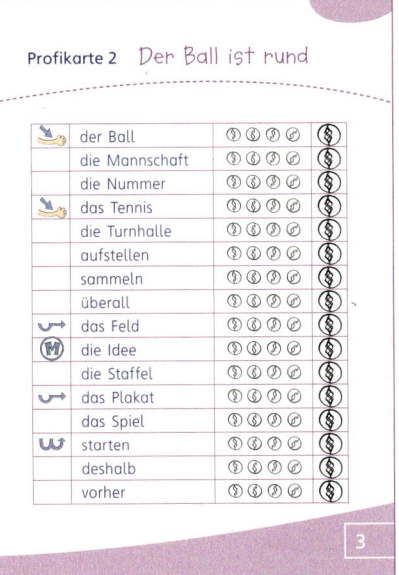

Das Wort **Idee** ist ein Merkwort, das muss ich mir merken!

der Ball
die Mannschaft
die Nummer
das Tennis
die Turnhalle
aufstellen
sammeln
überall

das Feld
die Idee
das Plakat
das Spiel
die Staffel
starten
deshalb
vorher

1 Warum wurden die Strategiezeichen eingesetzt?

2 Bei welchen Wörtern kannst du noch ein passendes Strategiezeichen einsetzen?

 Das Sportfest

Unsere Schule plant ein Sportfest. Für dieses Fest sollen nur Spiele mit Bällen ausgesucht werden. Alle Schüler sammeln Ideen an einer großen Plakatwand. Vorher haben sie in den Klassen darüber abgestimmt. Es gibt Spiele in der Turnhalle, und auf dem Schulhof starten die Ballstaffeln. In einigen Klassenräumen sind Tischtennisplatten aufgebaut. Auf dem Rasen werden Tore aufgestellt und Spielfelder eingeteilt. Jedes Spiel hat andere Regeln. Deshalb gibt es überall Schiedsrichter. Sie verteilen die Punkte. Jeder Schüler bekommt eine Nummer. Für einige Spiele werden vorher Mannschaften ausgelost. Das Fest endet mit vielen Gewinnern und Pokalen.

3 Schreibe alle Wörter mit doppelten Mitlauten auf.

- Üben mit der Profikarte/ Rechtschreibstrategien
- Abschreibtext (96 Wörter)
- Seite 11
- FO: Seite 8–11
- FÖ: Seite 24

Fit mit Quiesel 1

Nomen erkennen

quiesel läuft zum hafen. Dort startet ein großer wettbewerb. Bei diesem wettbewerb sind viele segelboote auf dem wasser. Quiesel steuert eines dieser boote. Er muss um viele bojen segeln. Hoffentlich gibt es auch genug wind. Als quiesel am hafen ankommt, hüpft sein herz vor freude. Es gibt genug wind. Am ende des tages ist quiesel einer der gewinner.

1 Unterstreiche alle Nomen und schreibe sie richtig auf.

Subjekt und Prädikat

Das Segelboot schwimmt im Wasser.
Quiesel besteigt das Boot.
Zum Glück weht heute der Wind.
Die Bojen schwimmen auf der Wasseroberfläche.
Quiesel bestaunt die Segel.
Die Fische beobachten das Boot.
Die Zuschauer am Hafen klatschen.
Heute bekommt Quiesel einen Pokal.

2 Schreibe die Sätze auf.

3 Markiere immer das <u>Subjekt</u> und das <u>Prädikat</u>.

- Nomen großschreiben
- Subjekt und Prädikat erkennen

- Seite 6
- Seite 8

- FÖ: Seite 32
- FÖ: Seite 54
- FÖ: Seite 55

Fit mit Quiesel

Zusammengesetzte Nomen

HAN SCHUH   KLU HEIT   RA FAHRER   ZU FÜHRER   WEL KUGEL

KOR BALL   MUN SCHUTZ   BUR FRÄULEIN   GRA STEIN

GEL BEUTEL   MU PROBE   STRAN KORB   FLU ZEUG

1 Ergänze die fehlenden Buchstaben.

2 Schreibe die Wörter auf.

Einfacher oder doppelter Mitlaut?

schne   Ba   Su e   da ken   Sto

Ha d   Schlü el   E te   Te is   Nu er   Blu e

spa end   Ha s   Bri e   Ba d   Hu d

Nu   Spi e   Kla er   To ate

3 Welche Mitlaute fehlen?

4 Prüfe, ob du den Mitlaut verdoppeln musst.

5 Schreibe die Wörter richtig auf.

• Komposita mit Auslautverhärtung
• Doppelkonsonanz

• Seite 7
• Seite 10

• FÖ: Seite 5
• FÖ: Seite 6
• FÖ: Seite 9–10

Feuer und Flamme

1 Vergleicht die Fotos auf den beiden Seiten. Was fällt euch auf?

2 Erklärt, wie die Feuer entstanden sind.

3 Sammelt weitere Fotos oder Texte zum Thema **Feuer**.

• Ursprung und Wirkung des Feuers erklären

• FO: Seite 12–15

Feuer und Flamme

1 Wozu nutzen die Menschen das Feuer? Berichtet von eigenen Erfahrungen.

2 Sammelt Ratschläge für den Umgang mit Feuer im geschlossenen Raum. Gestaltet ein Plakat.

Umgang mit Feuer im geschlossenen Raum

- Auf einer feuerfesten Unterlage arbeiten!
- Notruf: 112
- …

- Nutzung des Feuers für Wärme und Licht
- Plakat gestalten
- FO: Seite 12–15

Mit Feuer experimentieren

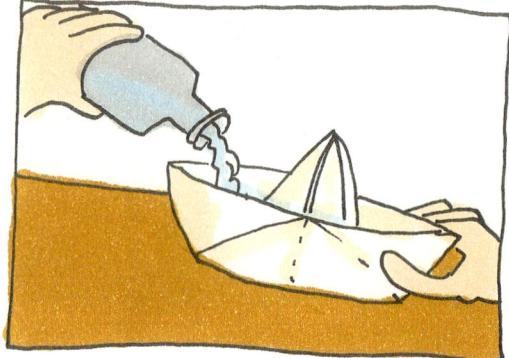

Versuchsprotokoll

Frage: Brennt ein mit Wasser gefülltes Papierschiff?

Material: 1 Teelicht, feuerfeste Unterlage, Papierschiff, Wasser, 2 Zangen, Feuerzeug

Vermutung: …

Versuchsbeschreibung: …

Ergebnis: …

Erklärung: …

1 Was wollen die Kinder herausfinden? Wie gehen sie vor?

2 Führt das Experiment durch und schreibt ein Versuchsprotokoll.

3 Vergleicht eure Protokolle:
 🔥 War eure Vermutung richtig?
 🔥 Ist eure Versuchsbeschreibung vollständig?
 🔥 Welche Erklärung habt ihr gefunden?

Versuchsbeschreibung

- Beschreibe genau.
- Lasse keinen Schritt aus.
- Achte auf die richtige Reihenfolge.
- Du kannst auch eine Skizze machen.

Die Zähmung des Feuers

Die ersten Menschen <u>haben</u> das Feuer in der Natur <u>entdeckt</u>. Sie sind nach dem Gewitter in den Wald gegangen. Dort haben sie glühende Holzstücke gesammelt. In die Glut haben sie kleine Äste gelegt. So ist das Feuer nicht mehr ausgegangen. Später haben die Menschen selbst Feuer gemacht. Sie haben Baumpilze gesucht und trockenes Gras. Dann haben sie ein trockenes Holzstück an einem anderen gerieben. Das Fleisch des Baumpilzes hat Feuer gefangen. Diese Erfindung hat ihr Leben verändert.

Die ersten Menschen entdeckten das Feuer in der Natur. Sie gingen nach dem Gewitter in den Wald. Dort sammelten sie glühende Holzstücke. In die Glut legten sie kleine Äste. So ging das Feuer …

---

1 Vergleicht Tims Vortrag und seinen Text.

2 Markiere die Verben in beiden Texten.

3 Wann benutzt man eher die zusammengesetzte, wann die einfache Vergangenheit?

4 Schreibe die Tabelle in dein Heft und trage die Verben ein.

zusammengesetzte Vergangenheit	einfache Vergangenheit	Gegenwart
sie haben entdeckt sie sind gegangen	sie entdeckten sie gingen	sie entdecken …

5 Schreibe Tims Text weiter. Achte auf die Zeitform.

> Verben können in verschiedenen Vergangenheitsformen stehen:
> **einfache Vergangenheit (Präteritum):**
> Die Menschen **entdeckten**. Sie **gingen**.
> **zusammengesetzte Vergangenheit (Perfekt):**
> Die Menschen **haben entdeckt**. Sie **sind gegangen**.

Erfindungen mit Feuer

- Diese Höhle war das Heiligtum unserer Verwandtschaft.
- Hier soll es ein Geheimnis geben.
- Vielleicht machen wir heute eine großartige Entdeckung.
- Leider können wir in der Dunkelheit wenig erkennen.
- Hier gibt es keine Beleuchtung.
- Lasst uns mit der Besichtigung beginnen. Das wird ein Erlebnis!

1 Schreibe aus den Sprechblasen die Nomen mit Artikel (Begleiter) auf.

sicher   einsam   wissen   verfolgen   entdecken   bereit
irren   erkennen   fröhlich   wahr   herstellen   wachsen
erzeugen   krank   wirklich   bekannt   reich   erleben

Bei Nomen mit **-nis** musst du in der Mehrzahl **-se** anhängen.

2 Bilde Nomen mit **-heit, -keit, -ung, -nis, -schaft** und **-tum** und schreibe sie auf: –heit: die Sicherheit, …

3 Schreibe zu den Wörtern mit dem Wortbaustein **-nis** auch die Mehrzahl auf. Schreibe so: das Erzeugnis – die Erzeugnisse, …

Eine wichtige (erfinden) der frühen Menschen war die (herstellen) von Tonwaren. Eine (mischen) aus Ton und Wasser machte die Masse formbar. Durch das Feuer erfolgte eine (verwandeln) des Materials. Die (haltbar) wurde größer, und die (hitzebeständig) machte es möglich, in den Gefäßen zu kochen.

4 Bilde mit den Wörtern auf den Schalen Nomen und schreibe den Text richtig auf.

Wörter mit den Wortbausteinen **-heit, -keit, -ung, -nis, -schaft** und **-tum** sind Nomen.

Feuer und Flamme

Das Feuer

Gewitter · Vulkan · Holzstücke · Wagnisse · Töpferwaren · Feuersteine · Öllampe · Verbrennung · Freudenfeuer · Feuerwerk · Nachtwächter · Feuerwehr · Feuerstelle · Sicherheitszündhölzer · Blitzableiter

die Beobachtung
die Dunkelheit
die Erfindung
die Erkenntnis
die Helligkeit
der Irrtum
die Veränderung
die Verbrennung

das Experiment
der Herd
packen
gefährlich
heiß
unkontrolliert
dann
später

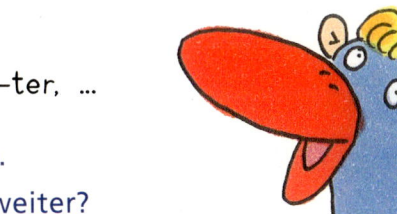

In jeder Silbe ist mindestens …

1 Schreibe die Wörter in Silben mit Trennstrichen auf.
Schreibe so: das Ge-wit-ter, …

2 Markiere die Selbstlaute.
Wie geht Quiesels Tipp weiter?

 Das Feuer
Die Erfindung des Feuers brachte Veränderung in das Leben der ersten Menschen. Das Feuer diente ihnen als Lichtquelle in der Dunkelheit. Es wärmte sie. Bald bauten sie einen Herd aus flachen Steinen. Wenn die Steine heiß waren, entfernten sie die Glut, legten das Fleisch darauf und brieten es. Sie hatten die Erkenntnis gewonnen, dass gebratenes Fleisch besser schmeckt. Später kochten sie Wasser in mit Leder abgedichteten Erdlöchern. Mit Stöcken nahmen sie heiße Steine und gaben sie in das Wasser. Die Beobachtung des Feuers war sehr wichtig. Unkontrollierte Feuer waren gefährlich.

3 Schreibe die Verben aus dem Text in ihrer Grundform auf.
Schreibe so: brachte – bringen, …

- Wörter in Silben trennen
- Abschreibtext (93 Wörter)
- Seite 14
- Seite 15
- FO: Seite 12–15
- FÖ: Seite 27

Feen, Elfen und Kobolde

1 Gib diesem Ort einen Namen. Erzähle.

2 Beschreibe die Besonderheiten so genau, dass dein Partner sie im Bild wiederfindet. Sprecht darüber, welche Angaben bei der Beschreibung hilfreich waren.

- zu einem Bild erzählen
- genau beschreiben

- FO: Seite 16–19

Feen, Elfen und Kobolde

1 Suche dir eine Figur aus und erzähle zu ihr:
- Wie lebt sie?
- Was kann sie besonders gut?
- Welche Zauberkräfte besitzt sie?

2 Welche Figuren kennst du noch, die besondere Kräfte haben? In welchen Geschichten kommen sie vor?

3 Welches Wesen wärst du gern? Warum? Was würdest du tun?

- sich in eine Figur hineindenken
- von Wünschen berichten

• FO: Seite 16–19

Geschichten erfinden: Ideen-Blitze

Höhle · verlaufen · Zauberspruch · Wald · **Im Zauberwald** · Fee · Verwandlung · Rettung · Kobold · Elfen · Aufgabe · tanzen · Belohnung · unheimlich · Blumen

Ideen-Blitze Regeln für 3–5 Kinder

1. Legt ein großes Blatt und Stifte auf den Tisch.
2. Schreibt in die Mitte das Thema.
3. Alle Kinder schreiben nacheinander Wörter dazu. Jeder liest, was die anderen Kinder geschrieben haben.
4. Beim Schreiben darf man nicht reden.

1 Nach welchen Regeln haben die Kinder die Wörter gesammelt?

2 Ergänzt die Wörtersammlung zum Thema **Im Zauberwald**.

3 Welche Wörter willst du aussuchen, um deinem Partner eine Geschichte zu erzählen? Schreibe die Wörter auf Karten.

4 Willst du die Reihenfolge deiner Karten noch einmal verändern? Willst du Karten austauschen? Probiere aus.

5 Schreibe die Geschichte auf.

- Wörtersammlung
- Zaubergeschichte schreiben und überarbeiten
- FO: Seite 16–19

Märchenfiguren

Feen, Elfen und Kobolde

Der Frosch sitzt.
Die Elfe kommt.
Der Troll klettert.
Die Prinzessin kommt.
Die Fee tanzt.
Der Kobold reitet.

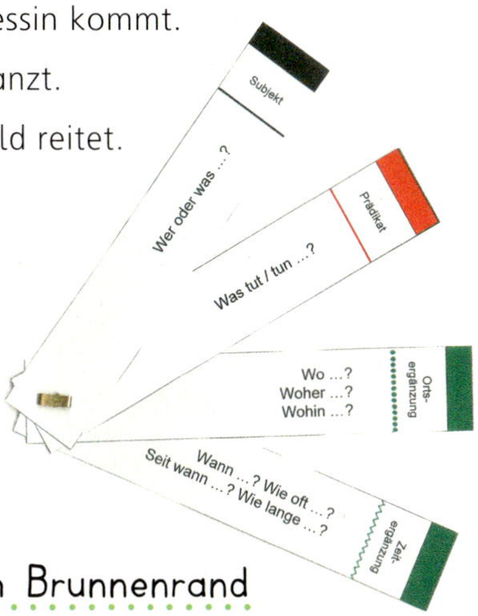

1 Was fehlt an diesen Sätzen? Vervollständige sie:
Der Frosch sitzt auf dem Brunnenrand. ...

2 Frage mit den Fragen „Wo?", „Woher?" oder „Wohin?"
nach den ergänzten Satzgliedern.

3 Schreibe immer die Frage mit der Antwort auf.
Markiere die Ortsergänzung. Wo sitzt der Frosch? – am Brunnenrand

> **Ortsergänzungen** sind Satzglieder. Mit den Fragen **„Wo …?"**, **„Woher …?"**
> oder **„Wohin …?"** findet man die Ortsergänzung.

Am frühen Morgen macht sich Mina auf den Weg zur Zauberquelle. Seit einer Woche ist Minas Hund verzaubert. Jetzt ist er ein kleiner weißer Stein. Das Mädchen läuft den ganzen Tag mit dem Stein bis zur Quelle. Dort schlägt sie dreimal auf das Wasser. Kurz darauf erscheint eine gute Fee. Sie nimmt ihren Zauberstab und berührt einmal den weißen Stein. Im selben Augenblick erscheint Minas kleiner Hund. Überglücklich bedankt sich Mina mehrmals bei der guten Fee.

4 Mit welchen Fragen findest du die markierten Satzglieder?
Schreibe sie auf und unterstreiche die Fragewörter.

5 Schreibe immer die Frage mit der Antwort auf:
Wann macht sich das Mädchen auf den Weg? – am frühen Morgen

> **Zeitergänzungen** sind Satzglieder. Mit den Fragen **„Wann …?"**, **„Wie oft …?"**,
> **„Seit wann …?"**, **„Wie lange …?"** findet man die Zeitergänzung.

- Funktion der Ortsergänzung
- Funktion der Zeitergänzung

Die Fee

Ein Mädchen ging zum Brunnen, um Wasser zu holen. Dort saß eine alte Frau und fragte: „Kannst du mir etwas Wasser geben?" Das Mädchen antwortete freundlich: „Aber gern." Sie füllte den Becher und sprach: „Trinken Sie von dem frischen Wasser!" Die alte Frau war eine verkleidete Fee und sagte: „Du bist so freundlich, wie es die Leute sagen." Da erwiderte das Mädchen: „Ich habe doch nur getan, was jeder andere Mensch getan hätte." Doch die alte Frau bemerkte: „Das ist nicht selbstverständlich. Ich möchte dich für deine Freundlichkeit belohnen."
Sie versprach: „Immer wenn du sprichst, werden Edelsteine aus deinem Mund fallen."

1 Schreibe den Text ab. Unterstreiche immer Begleitsatz und wörtliche Rede mit zwei verschiedenen Farben. Was fällt dir auf?

2 Markiere die Satzzeichen und vergleiche.

3 Finde zu den Sprechblasen Begleitsätze. Verwende passende Verben.

4 Schreibe den Begleitsatz mit der wörtlichen Rede auf. Achte auf die Satzzeichen.

Der Begleitsatz kann vor oder nach der wörtlichen Rede stehen.
Steht er vor der wörtlichen Rede, werden die Satzzeichen so gesetzt:

Begleitsatz	:	„	wörtliche Rede (Aussage)	.	"
Begleitsatz	:	„	wörtliche Rede (Ausruf oder Aufforderung)	!	"
Begleitsatz	:	„	wörtliche Rede (Frage)	?	"

Feen, Elfen und Kobolde

Besuch bei den Kobolden

der Fuß
das Glas
der Kreis
das Los
das Moos
der Spaß
groß
weiß

die Fee
der Gast
der Kobold
erzählen
nehmen
herrlich
viel
zahlreich

1 Setze **s** oder **ß** ein. Verlängere dafür die Wörter.

2 Schreibe die Wörter mit ihrer Verlängerung auf.

 Auf dem Elfenhügel

Zahlreiche Gäste haben sich auf dem Elfenhügel versammelt. Sie sitzen auf Bänken aus Moos. Heute möchte der Kobold eine Elfe zur Frau nehmen. Der Elfenkönig erhebt sein Glas mit köstlichem Beerensaft. Der Kobold erzählt und die Gäste haben viel Spaß. Schließlich möchte er die Elfentöchter sehen. Die erste Tochter trägt herrliche Ketten um den Hals und um einen Fuß. Sie sammelt Perlen und stellt daraus Schmuck her. Das gefällt dem Kobold. Die jüngste Tochter kann viele Märchen erzählen. Da sagt der Kobold: „Mit deinen Geschichten kann es nie langweilig werden."

3 Schreibe alle Wörter mit mehr als zwei Silben auf: El-fen-hü-gel, …

Fit mit Quiesel 2

Die einfache Vergangenheit

Quiesel spaziert durch einen wunderschönen Wald. Die Sonne scheint und die Vögel zwitschern laut. Plötzlich hört Quiesel eine zarte Stimme. Er schaut nach oben, nach rechts und nach links, aber er sieht niemanden. Als er nach unten schaut, sitzt dort eine kleine Elfe auf einem Baumstumpf. Quiesel und die Elfe freunden sich an und machen gemeinsam einen langen Waldspaziergang.

1 Setze den Text in die einfache Vergangenheit und schreibe ihn auf.

2 Markiere in deinem Text die Verben, die in der Vergangenheitsform stehen.

Wortbausteine

3 Verwandle die Adjektive und Verben in Nomen. Verwende passende Wortbausteine und schreibe die Wörter auf.

- Verben im Präteritum
- Wortbausteine verwenden
- Seite 12
- Seite 13
- FÖ: Seite 43
- FÖ: Seite 33–35

Begleitsätze

schimpfen   meckern   fragen   hoffen   sagen
beschließen   jammern   behaupten

1 Schreibe Quiesels Aussagen mit vorangestellten Begleitsätzen auf.

2 Achte auf die Satzzeichen.

Was passt: s oder ß?

Spa_   Gla_   Gefä_   Ga_
Gra_   Hau_   Klo_   Fu_
farblo_   Krei_   Strau_   Mau_
gro_   gehörlo_   Flei_   Gan_

3 Wie heißen die Wörter?

4 Wie klingt der **s-Laut** beim Verlängern? Setze **s** oder **ß** ein. Schreibe die Wörter geordnet auf.

• Satzzeichen bei der wörtlichen Rede
• Wörter mit s/ß
• Seite 19
• Seite 20
• FÖ: Seite 65
• FÖ: Seite 8

Rund ums Buch

1. Was erfährst du über diese Bücherei?
2. Warum sind Ausleihregeln so wichtig in einer Bücherei?
3. Wo kann Luca die Bücher von der Liste finden?

- einem Bild Informationen entnehmen
- Bücherei kennenlernen
- FO: Seite 20–23

Rund ums Buch

1 Wie könnt ihr Timos Frage beantworten?

Inhaltsverzeichnis · Cover · Signatur · recherchieren · Autor

Titel · Buchreihe · Erscheinungsjahr · Medienkatalog

2 Überlegt gemeinsam, was diese Begriffe bedeuten.

3 Schreibt die Begriffe und eure Erklärungen auf Kärtchen und hängt sie im Klassenraum auf.

Illustrationen — Bilder zu einem Text

• Fachbegriffe kennenlernen und erklären • FO: Seite 20–23

Das sprechende Buch

Es geschah am letzten Freitag in der Stadtbücherei. Theo stand vor dem Regal mit den Sachbüchern.

Plötzlich begann eines der Bücher zu flüstern: „Wenn du mich ausleihst, hast du einen Wunsch frei." Theo traute seinen Ohren nicht. Doch das merkwürdige Buch mit den Modellflugzeugen murmelte immer wieder: „Nimm mich mit, und du hast einen Wunsch frei." Noch ein wenig ängstlich nahm Theo das Buch aus dem Regal und ging damit zur Ausleihe. Das Buch war nun stumm, und Theo schon ein wenig enttäuscht. Draußen erwachte das Buch jedoch zu neuem Leben und forderte Theo erneut auf, sich etwas zu wünschen. Da schaute sich Theo den Umschlag des Buches an und wusste einen Wunsch. Er wollte einmal fliegen. Und schon saß er auf dem Buch und flog los. Sie flogen über die ganze Stadt, an Theos Haus vorbei, sogar über den Schulhof. Es war unglaublich aufregend.

Nach drei Stunden hatte Theo genug. Er war wieder in der Stadtbücherei. Dort gab er das entliehene Wunderbuch sofort wieder ab, denn am nächsten Tag wollte er es noch einmal ausleihen und sich einen anderen Wunsch erfüllen.

Einleitung	**Hauptteil**	**Schluss**
Wer? Wann? Wo? Was?	Jetzt geht es weiter! Was ereignet sich? Wie kommt es dazu?	Wie endet die Geschichte?

1 Markiere in dieser Geschichte Einleitung, Hauptteil und Schluss.

2 Denke dir einen eigenen Hauptteil aus. Schreibe ihn auf.

3 Überarbeitet eure Texte in einer Schreibkonferenz.

4 Schreibe die Geschichte mit deinem Hauptteil vollständig auf.
- Unterteile die Geschichte in Abschnitte.
- Achte auf Schrift und Gestaltung.
- Wähle schönes Papier aus und verwende Farben.

Rund ums Buch

Lesenacht in der Schulbücherei

Frau Kern holt die Kinder der 4c auf dem Schulhof ab. Sie haben ihre Schlafsäcke und Luftmatratzen dabei. Um neun Uhr ziehen alle ihre Schlafanzüge an. Frau Kern liest mehrere Freundschaftsgeschichten vor. Jonas erzählt eine Gruselgeschichte. Er beschreibt einen fürchterlichen Vampir. Da hören alle plötzlich ein polterndes Geräusch. Die Lehrerin beruhigt die Mädchen und Jungen. Alle schauen auf das geöffnete Fenster. Da sehen sie eine Katze. Sie hat einen Blumentopf umgeworfen.

1 Mit welchen Fragen kann man die unterstrichenen Satzglieder herausfinden?

2 Suche in jedem Satz die Satzglieder, die auf die Frage „Wen oder was …?" antworten.

3 Schreibe den Text ab und unterstreiche diese Satzglieder.

> Das Satzglied, das auf die Frage **„Wen oder was …?"** antwortet, ist die **Wen-oder-was-Ergänzung**.

Frau Kern sucht ihre Zahnbürste.
Lilly und Onur lesen ein Märchen auf Lillys Matratze.
Ihr Kuscheltier zeigt Lena allen Kindern gern.
Mitten in der Nacht hören die Kinder ein knisterndes Geräusch.
Das Frühstück bringen die Eltern am Morgen.
Gemeinsam räumen alle Kinder die Schulbücherei auf.

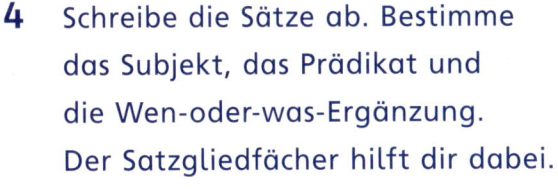

4 Schreibe die Sätze ab. Bestimme das Subjekt, das Prädikat und die Wen-oder-was-Ergänzung. Der Satzgliedfächer hilft dir dabei.

5 Unterstreiche die Satzglieder wie auf dem Satzgliedfächer.

- Satzglieder erkennen
- Funktion des Akkusativobjekts
- Seite 23
- FO: Seite 20–23
- FÖ: Seite 58

Quiesel und Quieseline

Heute **gehen** Quiesel und seine Freundin Quieseline in die Bibliothek in ihrer **Nähe**. Sie **stehen** vor dem Regal mit Tierbüchern. Quieseline hat schnell ein tolles Buch über **Rehe** gefunden. Sie setzt sich in die Leseecke und schaut es sich in **Ruhe** an. Quiesel sucht ein Buch über sprechende **Kühe**, aber er kann keines finden. Eine Bibliothekarin sieht Quiesel dort **stehen** und bietet ihm ihre Hilfe an. Sie gibt sich viel **Mühe**, ein passendes Buch für ihn zu finden. Quiesel und Quieseline packen die Bücher in ihre Rucksäcke, **ziehen** ihre Jacken an und gehen zum Ausgang. Plötzlich ertönt ein Alarmsignal. Die beiden **sehen** sich erschrocken an. Sie haben vergessen, zur **Ausleihe** zu **gehen**, und die Bücher stattdessen einfach eingepackt. Oh **wehe**!

1 Was haben die markierten Wörter gemeinsam?

2 Schreibe die markierten Wörter in Silben auf. Was fällt dir auf?
ge-hen, ...

3 Schreibe die markierten Wörter auf und markiere immer die Laute vor und hinter dem **h**. Was fällt dir auf?

4 Suche in der Wörterliste oder im Wörterbuch weitere Wörter mit silbentrennendem **h** und schreibe sie wie in Aufgabe 2 auf.

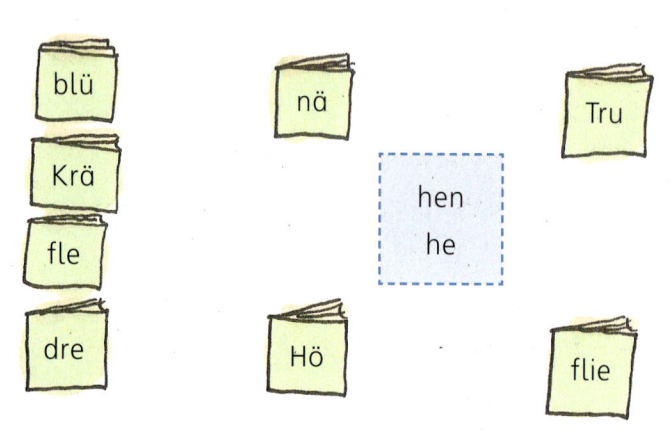

blü • nä • Tru • se
Krä • • • Ze
fle • hen / he •
dre • Hö • flie • Flö

5 Bilde Wörter mit den Endungen **-he** und **-hen**.
Schreibe so: blü-hen, ...

Rund ums Buch

Tintenkleckserei

kna___en   Kni___   hinterrü___   mu___mäuschenstill

tri___en   glu___en   austri___en   schnurstra___   Kle___

1 Welche Buchstaben fehlen hier immer?

2 Schreibe die Wörter in dein Heft und markiere die fehlenden Buchstaben.

Alle Kinder sind leise, es ist ✏️.

Beim Spaziergang im Park ✏️ die Äste unter Pauls Füßen.

Ninas Füller macht beim Schreiben einen dicken ✏️.

Nach der Schule lief Max ✏️ nach Hause.

Esra und Lara ✏️ vor Lachen.

3 Welche Wörter fehlen in den Sätzen? Schreibe die Sätze vollständig auf.

4 Denke dir eigene Sätze zu den Wörtern aus.

| der Klecks |
| die Mühe |
| die Ruhe |
| gehen |
| leihen |
| stehen |
| tricksen |
| näher |

| die Illustration |
| die Party |
| die Signatur |
| der Verlag |
| recherchieren |
| wählen |
| interessant |
| zusammen |

In der Bücherei

Jeden Mittwoch gehen Gabriel und sein Vater in die Bücherei. Sie leihen sich gern DVDs und Bücher aus. Heute sucht Gabriel ein Buch mit Zaubertricks für seine Geburtstagsparty. Er recherchiert mehrere Zauberbücher am Computer und schreibt sich die Signaturen auf. Dann macht er sich auf die Suche in den Regalen. Er wählt drei Bücher aus, um sie sich näher anzusehen. In einem Buch stehen tolle Tricks mit Farbklecksen. Papa stöbert in Ruhe in der Filmabteilung. Er findet einen interessanten Film über Afrika. Gabriel holt Papa dort ab, und sie gehen zusammen zur Ausleihe.

5 Schreibe alle Verben aus dem Text heraus.

- Wörter mit cks
- Abschreibtext (96 Wörter)
- Seite 25
- FÖ: Seite 20–23
- FÖ: Seite 26

Freundschaft

Wir sind nicht mehr deine Freundinnen. Hau ab!

Was schenkst du Felix zum Geburtstag?

Ihr dürft nicht mitspielen. Ihr seid zu schlecht für unsere Mannschaft.

Na warte, das wirst du mir büßen.

1 Welche Kinder streiten sich?

2 Wann gibt es bei euch Streit?

3 Wie könnt ihr einen Streit verhindern oder beenden? Spielt die Situationen mit verschiedenen Lösungen.

Jemandem aus dem Weg gehen!

Auch mal nachgeben!

Wenn man wütend ist, leise bis 10 zählen!

Freundschaft

Du bist so gemein!

Ich halte zu keinem. Ich passe nur auf, dass die Regeln eingehalten werden. Die Lösung müsst ihr selbst finden.

Du bist so gemein!

Programm zur Streitschlichtung

1. Beide erzählen den Streit aus ihrer Sicht.
2. Beide dürfen nachfragen.
3. Beide überlegen und sagen, was sie zum Streit beigetragen haben.
4. Beide schreiben Lösungsvorschläge auf.
5. Beide suchen gemeinsam die beste Lösung.
6. Beide schreiben auf, wer was wann zur Wiedergutmachung tut.
7. Beide unterschreiben den Vertrag.

Lass uns wieder Freunde sein.

1 Welche Aufgaben hat der Streitschlichter oder die Streitschlichterin?

2 Lest das Programm. Besprecht die einzelnen Punkte.

3 Wählt eine Situation aus. Spielt, wie man den Streit mit dem Programm zur Streitschlichtung lösen kann.

4 Sprecht über das Rollenspiel. Haben sich der Streitschlichter und die streitenden Kinder an das Programm gehalten?

• Aufgaben eines Streitschlichters reflektieren
• Streitschlichterprogramm

• FO: Seite 24–27

Vorschläge zur Wiedergutmachung

- Elisa will Max am Wochenende ein schönes Bild malen.
- Max will jetzt ein Jahr lang immer nur mit Elisa in der Pause spielen.
- Elisa denkt sich eine kleine Überraschung für Max aus und macht ihm damit eine Freude.
- Max hilft Elisa im Mathematikunterricht, wenn sie etwas nicht versteht. 
- Max schubst jetzt andere Kinder im Sportunterricht, aber nicht mehr Elisa.
- Elisa gibt Max jeden Tag einen Kuss.

1 Welche Vorschläge zur Wiedergutmachung findet ihr passend, welche unpassend? Begründet eure Meinung.

> Du hast mir eine Seite aus meinem Freundschaftsbuch gerissen.

> Du hast ja gestern auch meinen Sportbeutel in den Baum geworfen.

2 Sammelt Vorschläge zur Wiedergutmachung für diesen Streit. Schreibt eure Vorschläge auf.

3 Diskutiert eure Vorschläge.

4 Stimmt in der Klasse ab, welche Vorschläge euch am besten gefallen.

- Vorschläge zur Wiedergutmachung reflektieren und formulieren
- FO: Seite 24–27

Freundschaft

Ein Vertrag zur Streitschlichtung

Vertrag zwischen Elisa Winter und Max Rink

Wir wollen uns wieder vertragen und keinen Streit mehr miteinander anfangen.
Nach einer Woche besprechen wir noch einmal mit unserem Streitschlichter, ob wir unser Versprechen einhalten konnten.
Wir versprechen, uns an den Vertrag zu halten.

Frankfurt, den 17.01.   Elisa Winter   Max Rink

1 Überprüfe, ob der Vertrag alle wichtigen Punkte enthält.

2 Schreibe den Vertrag von Elisa und Max verbessert auf.

Vertrag
- Überschrift
- Versprechen
- Wiedergutmachung
- Zustimmung der Zerstrittenen
- Ort, Datum und Unterschriften

3 Schreibt einen Vertrag zum Streit von Jannis und Lara oder zu einem eigenen Streit.

- Merkmale eines Vertrages besprechen
- Vertrag schreiben
- FO: Seite 24–27

45

Gute Freunde

Carlotta <u>kent</u> ihre Freundin Sara schon seit dem Kindergarten. Fast jeden Nachmittag <u>get</u> Carlotta zu Sara, denn Sara <u>wont</u> auf einem Bauernhof. Carlotta <u>spilt</u> dort gern mit den Tieren. Sara <u>fiendet</u> das manchmal ein bisschen langweilig. Sie <u>bastlt</u> gern, <u>klettart</u> lieber auf Bäumen herum oder <u>kemmpt</u> ihre Puppen. Trotzdem <u>straitet</u> Sara fast nie mit Carlotta. Jedes Mädchen <u>entscheidett</u> einmal, was sie gemeinsam spielen.

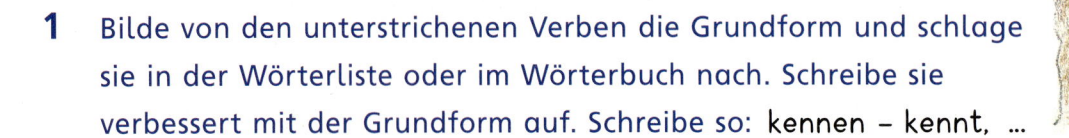

1 Bilde von den unterstrichenen Verben die Grundform und schlage sie in der Wörterliste oder im Wörterbuch nach. Schreibe sie verbessert mit der Grundform auf. Schreibe so: kennen – kennt, …

> **wollen**, er will, er wollte, er hat gewollt
> die **Wurzel**, die Wurzeln
> **würzig**, würziger, am würzigsten
>
> **Z**
> die **Zahl**, die Zahlen

Wenn du ein Verb in der Wörterliste finden willst, musst du die Grundform bilden und nachschlagen.
Sie ist manchmal ganz anders als die Personalform.

Paul wil sich bei seinem Freund entschuldigen.
Anna gipt ihrer Freundin ein Geschenk.
Martha leuft mit Pia um die Wette.
Marek spricht mit Ole über einen geheimen Schatz.
Eren siet heute Nachmittag seine Freunde.
Tom list Nele eine Geschichte vor.
Valentina schleft morgen bei Vanessa.

2 Bilde von den Verben die Grundform und schlage sie in der Wörterliste nach. Schreibe die Sätze richtig auf.

- starke und schwache Verben nachschlagen
- Grundform von Verben bilden
- Seite 26
- FO: Seite 24–27
- FÖ: Seite 46–47

Freundschaft

Wörter nachschlagen

Diese Wörter stehen so nicht im Wörterbuch. Du musst sie zerlegen:

**der Liegestuhl →
die Liege** und **der Stuhl**

1 Schlage die Wörter in der Wörterliste nach und beachte dabei Quiesels Tipp.
Schreibe die zusammengesetzten Nomen zerlegt auf:
der Liegestuhl → die Liege (S. xx) und der Stuhl (S. xx)

> der Schnelzuk   die Hengemate   die Grostannte   der Böhsewischt
>
> die Bahdewane   der Klehbestifft   der Runtgank   der Schwimraifen

2 Diese Wörter setzen sich immer aus zwei Teilen zusammen. In jedem Teil ist ein Rechtschreibfehler. Schlage die Wörter nach und schreibe sie so auf:
schnell (S. xx) und der Zug (S. xx) → der Schnellzug

Fängt das Wort mit **C** oder **K** an? Ich schlage besser mal nach.

3 Wo findest du diese Wörter in der Wörterliste?
Schlage sie nach und schreibe sie mit ihrer Seitenzahl auf.

- Komposita nachschlagen
- Wörter mit V/W, F/Pf, C/K nachschlagen
- Seite 27
- FO: Seite 24–27
- FÖ: Seite 40
- FÖ: Seite 22

47

Ein Geburtstagsgeschenk für Tim

„Was wollen wir Tim schenken?", fragt Benni seine Freunde Jonas und Kamil.

„Ich habe keine Ahnung", antwortet Kamil.

„Wie wäre es mit einem Computerspiel?", meint Jonas.

„Oh nein!", schimpft Benni.

Was hast du denn dagegen? will Jonas wissen.

Dann hat Tim keine Zeit mehr, mit uns Fußball zu spielen, erwidert Benni.

Na gut, dann schenken wir ihm einen neuen Fußball, schlägt Kamil vor.

1 Lest den Text mit verteilten Rollen.

2 Schreibe den Text ab und markiere die Satzzeichen und die Redezeichen. Unterstreiche die Begleitsätze. Ergänze bei den letzten Sätzen die Satzzeichen.

Steht der Begleitsatz nach der wörtlichen Rede, werden die Satzzeichen so gesetzt:

„	wörtliche Rede (Aussage)		"	,	Begleitsatz	.
„	wörtliche Rede (Ausruf oder Aufforderung)	!	"	,	Begleitsatz	.
„	wörtliche Rede (Frage)	?	"	,	Begleitsatz	.

- Was wünschst du dir zum Geburtstag (Benni)
- Ich wünsche mir einen Krimi mit den Zeitdetektiven (Tim)
- Gib mir sofort die Einladung zurück (Sara)
- Deine Freundinnen sollen wohl nicht wissen, dass Tim dich eingeladen hat (Luca)

fragen   schimpfen   antworten   schreien   meinen   erwidern

3 Schreibe auf, was die Kinder sagen. Der Begleitsatz soll hinten stehen. Denke an die passenden Satzschlusszeichen und Redezeichen.

Verben-Zielwurf

Freundschaft

annehmen
aussuchen
haben
laufen
müssen
sehen
verraten
weggehen

die Entschuldigung
die Freundschaft
der Unterricht
fühlen
kündigen
hinterher
ihm
jetzt

Verben auf den Dosen: bauen, reißen, gehen, fangen, suchen, raten, nehmen
Wortbausteine auf den Bällen: an, auf, aus, ein, ver, weg, zer, zu

1   Welche Verben kannst du bilden? Schreibe sie auf.

2   Markiere immer den vorangestellten Wortbaustein und das Verb: abbauen, …

3   Bilde zusammengesetzte Verben, bei denen der letzte Buchstabe des Wortbausteins und der erste Buchstabe des Verbs gleich sind.

Beste Freunde

Eigentlich sind Leander und Fabian die besten Freunde. Aber Fabian hat jetzt einen neuen guten Freund in der Klasse, nämlich Eric. Im Sportunterricht muss Fabian sich einen Partner aussuchen. Er wählt mal wieder Eric. Leander fühlt sich von seinem Freund verraten. Er will Fabian die Freundschaft kündigen. Fabian sieht, wie Leander traurig aus der Turnhalle weggeht, und läuft ihm hinterher. Nach einer Weile erzählt Leander endlich, warum er traurig ist. Fabian bittet ihn um Entschuldigung und hat eine Idee. Leander, Fabian und Eric können doch zu dritt beste Freunde sein. Nun muss Leander das Angebot nur noch annehmen.

2 + ∧ = FREUNDE?

4   Suche alle Verben im Text und schreibe sie mit der Grundform auf. Manche Verben stehen schon in der Grundform. Schreibe so: sind – sein, …

• vorangestellte Wortbausteine bei Verben
• Abschreibtext (100 Wörter)
• Seite 29
• FO: Seite 24–27
• FÖ: Seite 12

49

Fit mit Quiesel 3

Wen-oder-was-Ergänzung

Quiesel besucht heute seinen Freund Björn in der Bücherei. Björn hat eine Menge Arbeit. Viele Leute bringen heute ihre Bücher zurück. Quiesel sucht auch ein Buch für sich. Er entdeckt einen Krimi. Schnell besorgt er sich einen Leihausweis bei Björn. Zu Hause liest er das Buch unter der Bettdecke. Am besten gefällt Quiesel das letzte Kapitel. In einer Nacht hat er das ganze Buch gelesen.

1 Schreibe den Text auf.

2 Markiere in den Sätzen die Wen-oder-was-Ergänzung.

Heute trifft Quiesel seine beiden besten Freunde im Kaufhaus. Dort finden sie nach einer halben Stunde ein schönes Geburtstagsgeschenk.

3 Schreibe die Sätze ab. Bestimme die Satzglieder und markiere sie.

Wörter mit silbentrennendem h

nähengehenReheMüheziehendrehensehenstehen
glühenRuhedrohenleihenKüheNähemähen

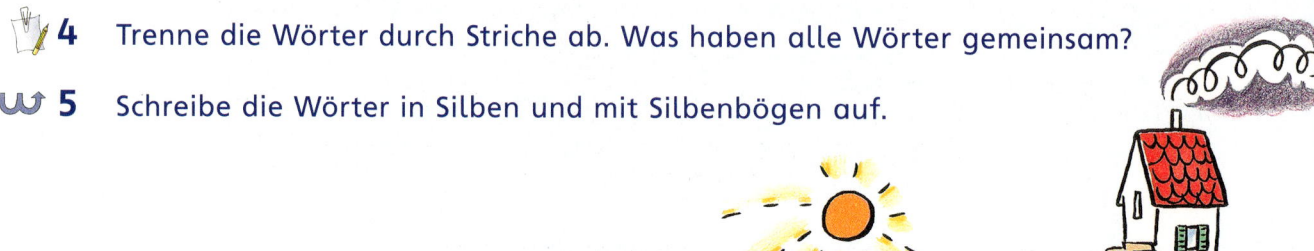

4 Trenne die Wörter durch Striche ab. Was haben alle Wörter gemeinsam?

5 Schreibe die Wörter in Silben und mit Silbenbögen auf.

- Akkusativobjekt erkennen
- Wörter mit silbentrennendem h
- Seite 23
- Seite 24
- FÖ: Seite 58
- FÖ: Seite 14–15

Fit mit Quiesel

Begleitsätze

- Den ganzen Tag muss ich laufen.
- Ich brauche eine Pause!
- Kannst du mir helfen?
- Könntest du mich putzen?
- Am schlimmsten ist Fußballspielen.
- Quiesels Füße sind viel zu breit für mich.
- Nicht so fest zubinden!
- Zum Glück hat Quiesel auch noch andere Schuhe.

schimpfen   meckern   fragen   hoffen   sagen
beschließen   jammern   behaupten

1 Schreibe die Aussagen der Schuhe mit vorangestellten und nachgestellten Begleitsätzen auf.

2 Achte auf die Satzzeichen.

SCHUHMUSEUM

Verben mit Wortbausteinen

an   auf   ver   zer   ab   zu   aus

nehmen   stellen   fahren   fallen
fliegen   schneiden   schließen
brennen   setzen   reißen   fließen
beißen   brechen   rufen   rennen

3 Bilde mit den Wortbausteinen zusammengesetzte Verben und schreibe sie auf.

- wörtliche Rede
- vorangestellte Wortbausteine
- Seite 19
- Seite 28
- Seite 29
- FÖ: Seite 66
- FÖ: Seite 12

51

Film ab!

1 Welche Filme werden auf den Plakaten angekündigt? Worin unterscheiden sie sich?

2 Was könnte in den Filmen passieren? Wie kommst du darauf?

3 Welchen der Filme würdest du dir gern anschauen? Begründe deine Meinung.

- von einem Bild auf den Inhalt schließen
- eigene Meinung begründen

• FO: Seite 28–31

Film ab!

1 Was erleben die Kinder im Kino?

2 Wie kann die Geschichte weitergehen? Sammelt eure Ideen.

3 Erzählt eure Geschichten.

- zum Bild erzählen
- Ideen für den Schluss der Geschichte sammeln
- FO: Seite 28–31

Der Filmwettbewerb

Großer Schulfilm-Wettbewerb

Lasst uns zusammen einen spannenden Film drehen!

Macht mit!

Der beste Film gewinnt den Hauptpreis: Ein Treffen mit einem richtigen Filmregisseur!

1 Welche Ideen haben die Kinder? Welche Ideen habt ihr?

1
Julian, Leon und Marike sitzen im Kino. Im Film ist eine Szene mit einem Diebstahl zu sehen.

2
Marike hört ein Gespräch von zwei Ganoven mit. Es geht um einen echten Diebstahl.

3
Marike erzählt es den Jungen. Sie überlegen, was sie tun können.

Requisiten sind Gegenstände, die man für einen Film braucht.

2 Schreibt weitere Kärtchen für den Verlauf der Geschichte.

3 Überprüft eure Geschichte. Nummeriert die Kärtchen in der richtigen Reihenfolge.

4 Überlegt, welche Requisiten ihr für euren Film benötigt. Schreibt diese auf die Rückseite der Kärtchen.

- Ideensammlung für eine Geschichte
- Vorbereitung des Drehbuchs

• FO: Seite 28–31

Ein Drehbuch schreiben

> **1**
> Julian, Leon und Marike sitzen im Kino. Im Film ist eine Szene mit einem Diebstahl zu sehen.

> **1 Requisiten:**
> 2 Stuhlreihen
> 1 Tüte Popcorn
> 3 Becher mit Trinkhalm

Szene: Die Verfolgung

Szene: Im Kino / Karte 1, 2, 3 …

Wer tut was?	Wer spricht wie? Was wird gesagt?	Requisiten
Kinder sitzen in einer Reihe, sehen sich den Film an.	Leon (gespannt): „Gleich passiert was!" Julian (entspannt): „Möchtet ihr noch Popcorn?"	2 Stuhlreihen 1 Tüte Popcorn 3 Becher mit Trinkhalm
Zwei Ganoven in der Reihe davor unterhalten sich.	1. Ganove (vorsichtig): „Der Trick ist genial. Das probieren wir nachher gleich aus." 2. Ganove (begeistert): „Ja, am besten machen wir es in der Fußgängerzone."	
Marike hört das Gespräch mit, erzählt es den Jungen.	Marike (aufgeregt): „Jungs, …"	

1 Wie haben die Kinder mit den Karten weitergearbeitet? Was mussten sie sich für das Drehbuch noch überlegen?

2 Spielt die Situationen mit Hilfe der Kärtchen. Was tun die Personen? Was sagen sie?

3 Schreibt das Drehbuch weiter. Beachtet Quiesels Tipps.

4 Schreibt ein Drehbuch zu einer anderen Geschichte.

5 Überprüft euer Drehbuch, indem ihr eure Geschichte vorspielt. Wenn alles gut klappt, könnt ihr den Film aufnehmen.

> 🎥 Wo spielt die Szene? Welche Personen kommen vor?
> 🎥 Was tun die Personen?
> 🎥 Wie sprechen die Personen? Was sagen sie?
> 🎥 Welche Requisiten werden gebraucht?

- Drehbuch schreiben
- Drehbuch in einem Film umsetzen

- FO: Seite 28–31

Der Wettbewerb

Das Kind begegnet im alten Schloss.

Der Polizist folgt durch die ganze Stadt.

Der Fußgänger hilft nach dem Unfall.

Der Junge flüstert ein Geheimnis zu.

1 Was fehlt in diesen Sätzen?

2 Schreibe die Sätze vollständig auf.

3 Frage nach den ergänzten Satzgliedern. Schreibe die Fragen und Antworten auf: Wem begegnet das Kind? – dem Geist, …

In der Schule zeigen die Kinder dem Lehrer ihr Drehbuch.
Anschließend gibt er einem Jungen Hinweise.
Der Hausmeister hilft den Schülern bei der Vorführung in der Aula. Dem Publikum gefallen die Filme. Am Ende überreicht die Schulleiterin dem Gewinner den Hauptpreis.

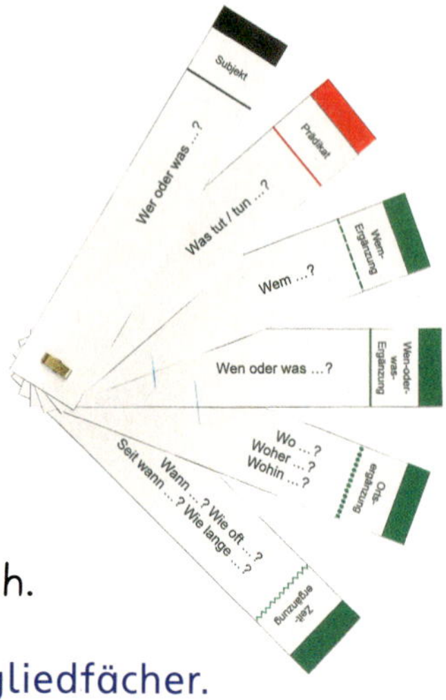

4 Schreibe den Text ab. Frage mit „Wem …?"
nach der Wem-Ergänzung und markiere sie:
In der Schule zeigen die Kinder dem Lehrer ihr Drehbuch.

5 Bestimme in den Sätzen weitere Satzglieder mit dem Satzgliedfächer.

> Das Satzglied, das auf die Frage **„Wem …?"** antwortet, ist die **Wem-Ergänzung**.

• Funktion des Dativobjekts • Seite 32 • FÖ: Seite 28–31
• FÖ: Seite 59

Filmtitel

d oder t? sie fan☉ ich lu☉ ein sie ba☉ er ban☉

b oder p? sie blie☉ ihr to☉t er pum☉t ich gru☉

g oder k? er tru☉ es verwel☉t sie zei☉te ihr verteidi☉t

1 Ergänze die fehlenden Buchstaben. Bilde die Grundform und schreibe so:
finden – sie fand, einladen – ich lud ein, …

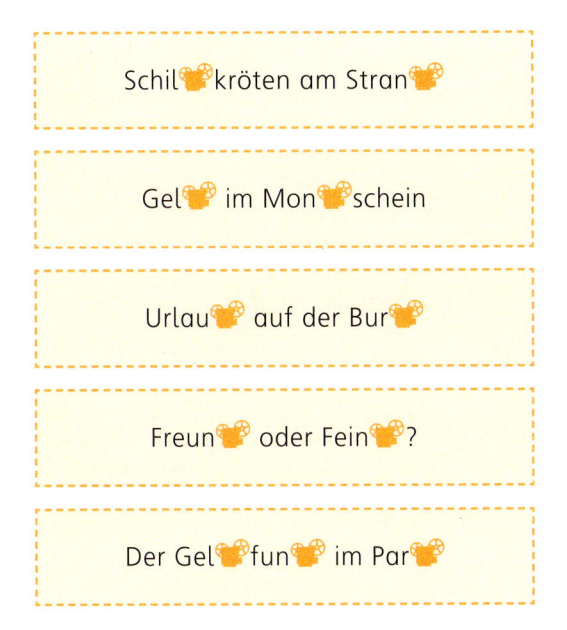

Schil☉kröten am Stran☉

Gel☉ im Mon☉schein

Urlau☉ auf der Bur☉

Freun☉ oder Fein☉?

Der Gel☉fun☉ im Par☉

Der Die☉ im Zu☉

Ein Ausflu☉ mit dem Win☉hun☉

Bran☉stifter im Wal☉

Star☉ und klu☉

Tausen☉fach erleb☉

Am Ende alles richtig? Verlängern ist hier wichtig!

2 Welche Wörter musst du verlängern?
Schreibe so: die Schilder – das Schild,
die Strände – der Strand, …

3 Schreibe die Filmtitel richtig auf.

Dreharbeiten

VORSICHT!
Heute gefährliche Dreharbeiten!
Häuser nicht betreten!

Szene: Einsatz der Feuerwehr

Handlung	Texte	Kulissen/Requisiten/Geräusche
– in der Dunkelheit, Br●nde im Haus/ Nummer n●●n – F●erwehrl●●te im Einsatz – M●nschen in Sicherheit – F●erwehrmann holt K●tzchen aus oberstem Stockwerk – kleines Kind ver●ngstigt im Arm der ●ltern, dann überglücklich	kleines Kind (●ngstlich): „Rettet mein K●tzchen!" Vater (●ntschlossen): „Ich g●he noch einmal hinein und hole es!" Einsatzleiter (bestimmend): „Das ist zu gef●hrlich! Gehen sie nicht n●her heran!" Retter (fr●●ndlich): „Deinem K●tzchen g●ht es gut."	H●serreihe, ein br●nnendes Geb●●de, davor B●●me, Bel●chtung, 2 F●erwehrautos, Schl●●che, l●●tende Glocke, Rauch, Krankenwagen

1 Lies die Szene. Was verdeckt der Schaum?

2 Schreibe die Wörter vollständig auf. Setze **ä** oder **e**, **äu** oder **eu** ein.

a – ä/au – äu	e/eu
Brand – Brände Haus – Häuser	Menschen ...

3 Zu welchem Wort findest du möglichst viele Wörter der gleichen Wortfamilie?

• verwandte Wörter mit ä/a, äu/au
• Wörter mit e und eu
• Seite 34
• FO: Seite 28–31
• FO: Seite 18–19

Alles Kino?

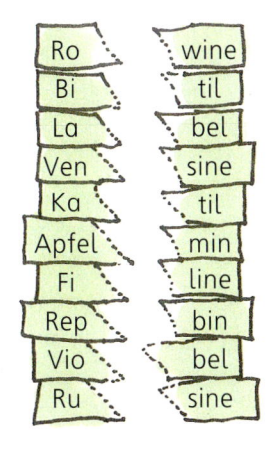

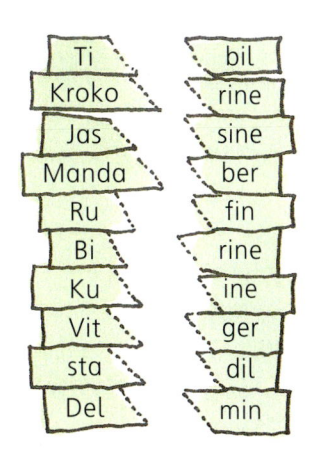

Ro	wine	Ti	bil
Bi	til	Kroko	rine
La	bel	Jas	sine
Ven	sine	Manda	ber
Ka	til	Ru	fin
Apfel	min	Bi	rine
Fi	line	Ku	ine
Rep	bin	Vit	ger
Vio	bel	sta	dil
Ru	sine	Del	min

W

der Erfolg
der Freund
das Gebäude
das Geräusch
das Kino
ängstlich
klug
spannend

das Drehbuch
das Publikum
die Requisiten
die Szene
die Tipps
die Vorführung
verfolgen
aufregend

1 Setze die Wortteile zusammen und schreibe sie auf.

2 Suche die Reimpaare und schreibe sie auf:
die Rosine – die Lawine, …

3 Markiere das **i**. Prüfe, ob das **i** lang oder kurz gesprochen wird. Was stellst du fest?

4 Finde passende Sätze zu den Wörtern mit **i**. Schreibe so:
Eine Apfelsine ist eine Zitrusfrucht. …

Ein Filmwettbewerb

Leon, Julian und Marike mögen spannende Filme. Bei ihrem letzten Kinobesuch hatten sie ein aufregendes Erlebnis. Sie hörten, wie zwei Ganoven einen Diebstahl planten, und verfolgten sie. Später gab es in der Schule einen Filmwettbewerb. Schnell wurden sie sich einig, wovon ihr Film handeln sollte. Für ihr Drehbuch fanden sie einige Tipps im Internet. Jeder schrieb eine Szene. Dann probten sie gemeinsam mit einigen Freunden. Marike und Julian kümmerten sich um die Requisiten. Leon filmte alles mit der Kamera seiner Eltern. Die Vorführung war ein Erfolg. Von der Schulleiterin erhielten sie den ersten Preis.

5 Schreibe den Text als Partnerdiktat. Übe deine Fehlerwörter mit der Profikarte.

In der Ritterzeit

Bergfried   Palas   Wehrmauer   Zugbrücke   Wehrgang   Torgraben

1 Wie lebten die Menschen zur Zeit der Ritter auf einer Burg?

2 Beschreibe die Burg. Verwende die Fachbegriffe.

3 Welche weiteren Fachbegriffe aus der Ritterzeit kennst du noch?

- Fachbegriffe der Burganlage
- Leben heute und früher vergleichen
- FO: Seite 32–35

In der Ritterzeit

Brunnen
Burghof
Verlies   Scheune   Burgtor

1 Welche Fragen habt ihr zu Burgen und Rittern? Sammelt und ordnet sie.

2 Sucht nach Antworten auf eure Fragen.

3 Gestaltet eine Ausstellung.

Ein Tag auf der Burg

1 Wähle ein Bild aus und überlege dir dazu eine Geschichte.

- Stimmt die Erzählzeit?
- Passt die Überschrift?
- Einleitung: Wer? Wann? Wo?
  Hauptteil: Was passiert?
  Schluss: Wie endet es?

2 Schreibe deine Geschichte auf.
Beachte die Schreibtipps.

3 Überarbeitet eure Geschichten in einer Schreibkonferenz.

4 Gestalte deine überarbeitete Geschichte.

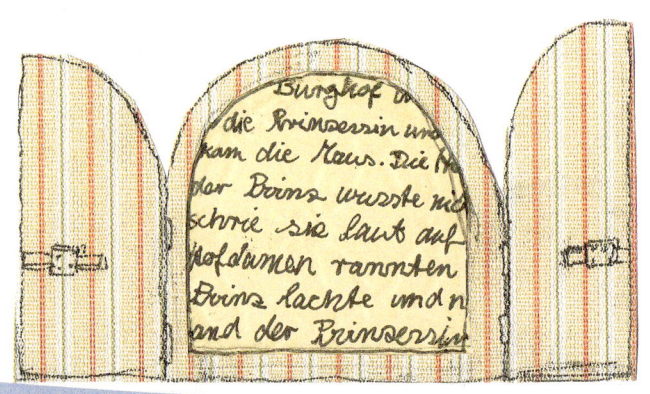

- Erlebnisgeschichte nach Bildimpuls schreiben
- Geschichte gestalten

- FO: Seite 32–35

In der Ritterzeit

Auf dem Jahrmarkt

> Du wirst in die Welt ziehen.
> Die Menschen werden deiner Musik lauschen.
> Jedes Kind wird deinen Namen kennen.
> Später wirst du ein schönes Burgfräulein heiraten.

1 Von welcher Zeit erzählt die Wahrsagerin? Woran erkennst du das in den Sätzen?

2 Schreibe den Text ab und markiere die Zukunftsform des Verbs.

> Was hat die Wahrsagerin zu dir gesagt?

Als Ritter 👉 ich auf die Jagd gehen. Ein Falke 👉 auf meinem Arm sitzen. Laute Jagdhörner 👉 erklingen. Meine Freunde und ich 👉 um die Wette reiten. Am Abend 👉 die Burgherrin ein schönes Essen kochen. Ihr 👉 auch dabei sein. Jetzt 👉 du verstehen, warum ich ein Ritter sein möchte.

3 Schreibe den Text auf. Setze immer die richtige Form von **werden** ein.

| ich werde | du wirst | er/sie/es wird |
| wir werden | ihr werdet | sie werden |

4 Markiere immer die Zukunftsform des Verbs.

5 Du bist die Wahrsagerin. Suche dir eine Person auf dem Bild aus und sage ihr die Zukunft voraus. Spielt eure Szenen.

6 Schreibe deinen Text auf und markiere die Zukunftsform des Verbs.

Die **Zukunftsform** des Verbs wird aus zwei Wörtern gebildet:
Der **Personalform von werden** und der **Grundform des Verbs**:
Wir werden viel erleben.

- Zeitformen von Verben
- Funktion des Futurs
- Personalform von werden
- Seite 36
- FO: Seite 32–35
- FÖ: Seite 45

So redeten die Rittersleute

sich die Sporen verdienen · nicht gefallen
einen Zahn zulegen · schneller werden
nicht in den Kram passen · Anerkennung für einen Erfolg bekommen

Die Waren eines Händlers im Mittelalter wurden Kram genannt. Wenn eine Ware nicht zu dem Angebot eines Händlers passte, dann „passte sie nicht in den Kram".

Junge Ritter bekamen mit dem Ritterschlag goldene Reitersporen an die Füße geschnallt. Wenn sie dann ihr erstes Turnier gewonnen hatten, hatten sie sich die Sporen verdient.

Im Mittelalter hingen die Kochtöpfe über der Feuerstelle an einer Hakenleiste mit Zähnen, wie bei einer groben Säge. Sollte das Essen im Topf schneller kochen, wurde der Topf an der Leiste einen Zahn tiefer gehängt.

1 In jeder Geschichte wird die Herkunft einer Redensart erklärt. Ordne die passende Redensart und ihre heutige Bedeutung zu.

2 Schreibe die Redensarten und ihre Bedeutungen auf.

im Visier haben · auf großem Fuße leben · in Harnisch bringen
die Tafel aufheben · türmen · aus dem Stegreif (Steigbügel)

viel Geld ausgeben · genau beobachten · zornig machen
unvorbereitet handeln · das Essen beenden · fliehen

3 Überlege, welche Redewendung zu welchem Bild passt und was sie heute bedeutet.

4 Schreibe die Tabelle in dein Heft und trage die Redewendungen geordnet ein.

Redewendung	heutige Bedeutung
...	

5 Sammle weitere Beispiele für solche Redensarten und erkläre sie.

• Redensarten erklären
• Bedeutungen verstehen
• Seite 37
• FO: Seite 32–35
• FÖ: Seite 69

In der Ritterzeit

Im Rittersaal

der Käse   der Bär   lärmen   der Käfig   das Mädchen   spät   die Mähne

das Känguru   während   sägen   vorwärts   schräg   das Märchen

die Träne   der Käfer   der März   das Gerät   die Dämmerung

1 Welcher Buchstabe fehlt immer? Schreibe die Wörter auf.

2 Bei manchen Wörtern mit **ä** ist es schwierig, einen Verwandten mit **a** zu finden. Übe diese Wörter.

Das Wort **Mädchen** kommt von **Mägdchen** und bedeutet **kleine Magd**.

der Bär
die Dämmerung
das Gerät
das Mädchen
das Märchen
lärmen
sägen
spät
während

die Rüstung
der Saal
der Schild
das Schwert
entfachen
feiern
würzig
abends

Der Rittersaal
Im größten Raum der Burg feierten die Ritter nicht nur lärmende Feste. In der Dämmerung kam der Burgherr mit seiner Familie hier zusammen. Während alle gemeinsam aßen, trug ein Sänger Märchen vor. Abends spielte man Schach und Würfelspiele. Die Dienstmädchen bestreuten einmal im Monat den Fußboden mit Binsen und würzigen Kräutern. Bei einem Festmahl wurden Tische aus gesägten Brettern aufgebaut. Geräte wie Schwerter, Schilde und Rüstungen wurden von den Pagen aufgestellt. Später schlief ein Teil der Gäste auf dem Fußboden. Dort lagen dann Strohsäcke und Bärenfelle. Bei großer Kälte entfachten die Knechte ein wärmendes Feuer im Kamin.

3 Schreibe die Tabelle in dein Heft und trage die Verben aus dem Text ein.

einfache Vergangenheit	Grundform	Zukunftsform
sie feierten	feiern	sie werden feiern

- Merkwörter mit ä
- Abschreibtext (99 Wörter)
- Seite 38
- Seite 39
- FÖ: Seite 32–35
- FÖ: Seite 20

Fit mit Quiesel 4

Wem-Ergänzung

Kino 1 Kino 2 Kino 3 Kino 4 Kino 5 Kino 6

James Blond folgt | Die sieben Zwerge helfen | König Karl vergibt | Kapitän Jack entkommt | Apatchi begegnet | Die Kinder schreiben

Feinde Hai Bär Nikolaus Dieb Schneewittchen

1 Wie heißen die Filme?

2 Schreibe die Filmtitel auf. Unterstreiche die Wem-Ergänzung.

Was passt: e oder ä, eu oder äu?

Pf?rde — Z?hne — N?lken — Leinw?nde — Suppenk?lle

Kutschr?der — K?len — Tierh?te — B?tel — M?se — Ef? — H?

Sch?fer — Gem?lde — Feuerz?g — H?mden — Kr?ter — Geb?de

Werkz?g — P?sse — Blumenstr?ße — R?cherkerzen — B?rg

3 Lies, was in der Kommode ist. Entscheide, ob du in die Lücken
e oder ä, eu oder äu einsetzen musst.

4 Schreibe die Wörter vollständig auf.
Ergänze bei Wörtern mit ä oder äu ein verwandtes Wort mit a oder au.

- Dativobjekt erkennen • Seite 32 • FÖ: Seite 59
- Wörter mit ä/e oder äu/eu • Seite 34 • FÖ: Seite 18–19

Fit mit Quiesel

Wörter mit i

Wörter auf den Hufeisen: Rutsche (Ru_ne), Brief (Br_f), Säger (S_ger), Wind (W_nd), Ventil (Vent_l), Kamin (Kam_n), Tiger (T_ger), Lied (L_d), Fibel (F_bel), Mandarine (Mandar_ne), Rosine (Ros_ne), Kissen (Kus_ne), Fisch (F_sch), Krokodil (Krokod_), Himmel (H_mmel), Apfelsine (Apfels_ne)

1 Welche Wörter haben einen langen i-Laut?

2 Bei welchen Wörtern wird das lange **i** nicht mit **ie** geschrieben?
Denke an die Wörter, die du gelernt hast. Schreibe sie auf.

Verben in der Zukunftsform

Mein Bruder feiert Hochzeit. Er heiratet die Prinzessin von Magarien. Von überall her kommen die Gäste. Ich schenke dem Paar ein neues Pferd. Darüber freuen sich die beiden bestimmt. Sie machen nach der Feier eine lange Reise. Sie schauen sich das ganze Land an. Dann bleiben sie für eine Weile auf ihrem Schloss.

ZUKUNFTSMASCHINE
EIN   AUS
Mein Bruder wird ...

3 Wie ändert sich der Text in der Zukunftsmaschine? Schreibe den Text in der Zukunftsform auf. Beginne so: Mein Bruder wird ...

• Wörter mit langem i
• Zukunftsform des Verbs
• Personalform von werden

• Seite 35
• Seite 36

• FÖ: Seite 29
• FÖ: Seite 45

Kinder der Welt

Indien

Nunavut (Nordost-Kanada)

Peru

Südafrika

1. Vergleicht das Leben der Kinder auf den Bildern mit eurem eigenen Leben.

2. Was interessiert euch am meisten? Sammelt Fragen.

3. Sammelt weitere Informationen über Kinder in anderen Ländern. Beantwortet eure Fragen.

- zu Bildern erzählen
- Leben in anderen Ländern mit dem eigenen vergleichen

- FO: Seite 36–39

Kinder der Welt

Australien

Niger

Afghanistan

Mongolei

Diskussionsregeln
- Ein Kind leitet die Diskussion.
- Jedes Kind darf seine Meinung sagen.
- Alle bleiben freundlich und höflich.

1 Was unterscheidet eure Schule von den abgebildeten Schulen?

2 Ist es wichtig, in die Schule zu gehen? Diskutiert in Gruppen.

3 Sammelt Argumente und sortiert sie auf einem Plakat.

SCHULE IST WICHTIG
PRO   KONTRA

- Informationen zu Schule in anderen Länder
- FO: Seite 36–39

69

Sorgenpüppchen aus Guatemala

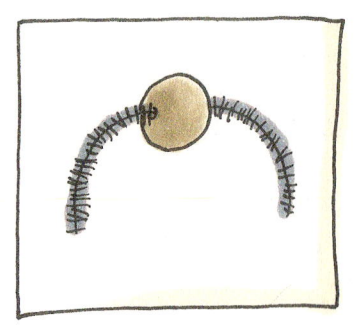

- beide Enden umschlingen

- langen Pfeifenputzer durch die Perle stecken
- Perle liegt in der Mitte

- Enden etwas umbiegen (Hände und Füße)

- mit bunten Wollfäden umwickeln

- kürzeren Pfeifenputzer umwickeln, die Arme entstehen

- mit Gewebeklebeband die Puppe umwickeln (Hals, Schulter, Brust, Bauch, Hüfte)

1 Wie stellt man ein Sorgenpüppchen her?
- Welches Material benötigt man?
- Welche Geräte braucht man?
- Welche Arbeitsschritte sind nacheinander nötig?

2 Ordne die Arbeitsschritte den richtigen Bildern zu.

3 Schreibe die Anleitung zum Basteln eines Sorgenpüppchens richtig auf.

4 Bastle ein Sorgenpüppchen nach deiner Anleitung.

Bastelanleitung
- Überschrift
- Material und Geräte
- Arbeitsschritte in der richtigen Reihenfolge

- richtige Reihenfolge
- Bastelanleitung formulieren

- FO: Seite 36–39

Einen Text korrigieren

Sorgenpüpchen aus Guatemala

Die Idee der Sorgenpuppchen kommt aus Guatemala. Dot redet   A
man sich eine uralte Geschichte von einem Sonnenkönig.
Der Sonnenkönig gab einer Brinzessin die Fähigkeit, die Probleme
anderer Menschen zu lösen. Damit sie damit nich so viel zu
tun hatte, halfen ihr die Sorgenpüppchen. Hast du Sorgen oder
Engste? Dann erzählte deinem von deinen Sorgen und Ängsten.   Z
Am nächsten Tag sind deine Sorgen hoffentlich verschwunden.
Lege danach dein Püppchen unter das Kopfkissen.

Korrekturzeichen

R Rechtschreibfehler
Z falsche Zeit
A treffenderer Ausdruck
V fehlende Wörter
X Reihenfolge der Sätze umstellen

1 Lest den Text und erklärt die Korrekturzeichen.

2 Finde alle Fehler und verwende die Korrekturzeichen. Überarbeite den Text.

3 Schreibe den überarbeiteten Text auf.

4 Überarbeitet eure Bastelanleitungen für das Sorgenpüppchen.

Leben in Afrika

Das Mädchen braucht ⸢Wen-oder-was-Ergänzung⸥.

Der Junge gibt ⸢Wem-Ergänzung⸥ den Speer.

⸢Subjekt⸥ beißt das Zebra.

Der Häuptling ⸢Prädikat⸥ die neuen Dorfbewohner.

Die Einwohner bauen ⸢Wen-oder-was-Ergänzung⸥.

1 Finde passende Satzglieder und schreibe die Sätze vollständig auf.

2 Frage nach den eingesetzten Satzgliedern und markiere sie in deinem Text.

Dieser Junge aus Sambia tanzt heute mit seinem Bruder den Erntedanktanz. Einmal im Jahr gibt der Vater den Jungen die Kostüme. Die Mutter der Kinder hat sie hergestellt. Der Kopfschmuck besteht aus Zebrahaaren. Die Zebrahaare sind mit einem Lederstreifen befestigt. Die Rockfransen sind aus Leopardenfell. Heute tanzen die Jungen den Dorfbewohnern etwas vor. Zuerst heben sie ihr rechtes Knie in die Höhe. Dann stampfen die Jungen gleichzeitig mit dem rechten Fuß kräftig auf den Boden. Danach heben sie das linke Knie. Anschließend stampfen sie mit dem linken Bein kräftig auf den Boden. Nach dem Tanz bekommen beide immer einen großen Applaus von den Zuschauern.

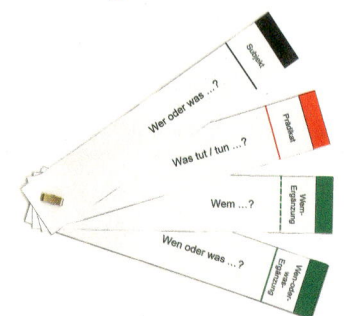

3 Schreibe den Text ab.

4 Welche Satzglieder kannst du in den einzelnen Sätzen finden? Markiere sie.

- passende Satzglieder einsetzen
- Satzglieder bestimmen
- Seite 42
- FO: Seite 36–39
- FÖ: Seite 61

Kinder der Welt

Wörter mit chs

LA(chs)   BÜ(chs)E   GEWÄ(chs)   WA(chs)   O(chs)E

ERWA(chs)ENE   FU(chs)   WE(chs)ELN   DA(chs)

A(chs)E   WA(chs)EN   LU(chs)   EIDE(chs)E

W	
der Dachs	
die Eidechse	
der Erwachsene	
der Fuchs	
das Gewächs	
der Luchs	
der Ochse	
wechseln	
die Einwohner	
der Großvater	
der Lehm	
die Tour	
das Verhältnis	
fern	
fremd	
alle	

1   Wie heißen die Wörter?

2   Schreibe die Wörter auf und markiere das **chs**: wa**chs**en, …

M 3   Übe die Wörter.

4   Schreibe mit den Wörtern eine kleine Geschichte.
    Verwende so viele Wörter mit **chs** wie möglich.

Kinder der Welt

Shema ist zehn Jahre alt und wächst in Ruanda auf. Ruanda liegt in Zentralafrika. Die meisten Einwohner sind sehr arm und leben in einfachen Verhältnissen. Shemas Familie wohnt in einer kleinen Hütte aus Lehm und Holz. Nachts bläst oft ein kalter Wind, den alle in der Hütte zu spüren bekommen. Dann müssen sie sich gegenseitig wärmen. Shema kann nicht zur Schule gehen. Sie muss sich wie eine Erwachsene um ihre jüngeren Geschwister kümmern. Außerdem ist die Schule eine Tagestour entfernt. Einen Umzug kann sich Shemas Familie nicht leisten. Zum Glück kann Shemas Großvater lesen und schreiben. Er bringt es ihr bei.

5   Schreibe alle Wörter mit mehr als zwei Silben auf.

Im Urwald

Der Urwald ist ein unberührter Wald. Er ist durch den Menschen nicht beeinflusst. Der hier abgebildete tropische Regenwald ist ein Urwald. Er befindet sich in Brasilien, im Bereich des Amazonas. Dieser Urwald hat ein feuchtes Klima mit vielen Niederschlägen.

1 Wie unterscheidet sich dieser Urwald von unserem Wald? Beschreibe genau.

2 Welche Tiere und Pflanzen gibt es im Urwald? Welche gibt es bei uns?

In unserem Wald
- Reh
- Nadelbäume

Im Urwald
- Affe
- sehr hohe Bäume

- Lebensräume beschreiben und erklären
- sich informieren

• FO: Seite 40–43

Im Urwald

Im tropischen Regenwald gibt es sehr viele unterschiedliche Arten von Pflanzen und Tieren. Aber es leben von der gleichen Tier- oder Pflanzenart nur wenige in einem Gebiet. Viele Tiere müssen klettern oder fliegen, um an ihre Nahrung zu kommen. Auch Indianerstämme leben im und vom Urwald.

1 Über welches der abgebildeten Tiere kannst du etwas erzählen?

2 Beschreibe eines der Tiere so genau wie möglich, ohne seinen Namen zu nennen.

- zu einem Bild erzählen
- Beschreibung
- FO: Seite 40–43

75

Stichwortsammlung: Baumsteigerfrösche

Frösche, die auf Bäumen leben

Die 12 bis 50 mm kleinen Frösche fallen auf durch ihre leuchtenden Farben. Sie leben im <u>tropischen Regenwald in Brasilien</u> und <u>krabbeln bis kurz unter die Baumkronen</u>.

Sie haben eine glatte Haut. Ihre Finger und Zehen sind zu Haftballen verbreitert und wirken wie kleine Saugnäpfe beim Klettern. Mit ihrer auffälligen Färbung zeigen die Frösche, dass sie ungenießbar sind.

Einige Farbfroscharten legen ihren Laich in die <u>Blatttrichter der Bromelie</u> ab. Hier können sich die Kaulquappen bis zum Jungfrosch entwickeln.

Die Frösche ernähren sich von Insekten, Ameisen und Käfern. Sie können auch giftige Insekten verspeisen.

Name des Frosches	Größe in cm
Dreistreifen-Baumsteiger	
Färberfrosch	
Bauchflecken-Baumsteiger	
Blattsteiger	3,5 cm
Erdbeerfröschchen	

Blumen, die auf Bäumen wachsen

Die Bromelien gehören zu den Ananasgewächsen. Da diese Pflanzen ihre Nährstoffe nicht aus dem Boden aufnehmen müssen, können sie auf Bäumen wachsen. Die Blätter sind spiralförmig angeordnet. Die auffälligen Blüten stehen in der Mitte des Blattkranzes. In diesem Blatttrichter sammelt sich das Regenwasser. Diese kleinen Teiche dienen der Fortpflanzung von Farbfröschen und Insekten.

Können Frösche giftig sein?

Weil sie durch ihre Hautdrüsen Gifte ausscheiden können, werden die Farbfrösche auch Pfeilgiftfrösche genannt. Wenn die Frösche giftige Beutetiere fressen, speichern sie das Gift im Körper. Gelangt das Gift in die Blutbahn von Tieren oder Menschen, kommt es zur Lähmung der Muskeln und des Atems, was zum Tod führen kann.

Die Indianer des Regenwaldes verwenden das Gift der Farbfrösche für die Jagd. Sie bestreichen ihre Pfeile für die Blasrohre mit dem Gift der Frösche.

1 Lies die Texte über die Baumsteigerfrösche.

2 Warum wurden die Wörter unterstrichen?

3 Suche in den Texten weitere Stichworte zu den Baumsteigerfröschen und schreibe Karten für die Stichwortsammlung.

- wichtige Informationen markieren
- Stichworte formulieren

• FO: Seite 40–43

Im Urwald

Referat: Baumsteigerfrösche

krabbeln auf Bäumen bis kurz unter die Baumkrone

Blatttrichter der Bromelien

tropischer Regenwald in Brasilien

Stichwortsammlung:
Baumsteigerfrösche
Aussehen: …
Lebensraum: …
Nahrung: …
Besonderheiten: …

1 Finde einen Oberbegriff zu den Karten und erzähle dazu.

2 Zu welchen Oberbegriffen möchtest du noch etwas erzählen? Sortiere und ergänze deine Karten.

3 An welchen Stellen willst du dein Referat durch Materialien unterstützen? Welche Materialien willst du verwenden?

4 Ordne deine Karten in der Reihenfolge, in der du das Referat halten möchtest.

Ich suche im Internet nach Bildern.

Ich kann eine CD mit Urwaldgeräuschen mitbringen.

- Übe deinen Vortrag vor dem Spiegel.
- Lerne den ersten Satz auswendig.
- Sprich langsam, laut und deutlich.
- Schaue deine Zuhörer an.

5 Halte dein Referat.

• Referat zu einem Urwaldtier planen, gestalten und halten
• FO: Seite 40–43

Sich informieren

Der tropische Regenwald in Südamerika ist sehr groß.

Was bedeutet tropisch?

Wir können doch Herrn Müller fragen.

Würgfeige

Sie wächst im **tropischen** Regenwald. Ab und zu gelangt durch Affen od. Vögel der winzige Samen der Feige auf einen Ast, hoch oben in der Krone eines Baumes. Fällt der Samen in eine Astgabel mit etw. **Humus**, keimt eine Pfl. und wächst langsam heran. Die junge Würgfeige bildet eine größere Anzahl an **Luftwurzeln**, die z. T. frei herabhängen. Sie wachsen z. B. aus der Baumkrone nach unten, bis sie den Boden erreicht haben. Kann die Pfl. Wasser und **Nährstoffe** aus dem Boden aufnehmen, wächst sie sehr viel schneller. Die gr. Würgfeige dehnt sich v. a. über die Krone ihres Trägerbaums aus. So bekommt er kein Licht mehr. Gleichzeitig schlingen sich die Luftwurzeln immer enger um den Stamm. Wachsen sie zu einer Röhre zusammen, stirbt der Trägerbaum ab.

1 Warum sind Lexikonartikel oft schwer zu verstehen? Informiere dich über die fett gedruckten Begriffe und schreibe ihre Erklärung auf.

2 Schreibe eine Tabelle in dein Heft. Trage die Abkürzungen aus dem Text ein und ordne die Erklärungen zu: Pflanze, vor allem, zum Beispiel, oder, groß, etwas, zum Teil.

3 Welche Abkürzungen kennt ihr noch? Ergänzt die Tabelle.

Abkürzung	Wort
od.	oder

- Fachbegriffe/Bedeutungen
- Abkürzungen verstehen und erklären

- FO: Seite 40–43

Im Urwald

Urwaldforscher unterwegs

Der Kaiman lebt in Südamerika.

Die Fische schmecken dem Kaiman am besten.

Die Länge des Kaimans kann 2 Meter betragen.

Im trüben Wasser kann man den Kaiman schlecht sehen.

1 Das Nomen **Kaiman** steht in den Sprechblasen in den vier Fällen. Bestimme die Fälle mit den Fragen „Wer oder was?", „Wessen?", „Wem?", „Wen oder was?". Schreibe auf: Wer oder was lebt in Südamerika? – der Kaiman, Wer-oder-was-Fall …

Die Bewegung … erfolgt in Zeitlupe.	das Faultier
Als Ernährung reichen … Blätter von Bäumen.	des Faultiers
… bewohnt die Baumkronen der tropischen Regenwälder.	dem Faultier
Das dicke Fell bewahrt … vor Verletzungen.	das Faultier
Die Länge … kann 9 Meter betragen.	die Anakonda
… gehört zu den Boaschlangen.	der Anakonda
Auch im Wasser kann man … begegnen.	der Anakonda
Man kann … im Amazonas-Regenwald finden.	die Anakonda

2 Setze die Nomen im richtigen Fall ein. Prüfe mit den Fragen.

3 Schreibe die Sätze auf. Unterstreiche Nomen und Artikel (Begleiter). Notiere, in welchem Fall das Nomen steht. Schreibe so:
Das Faultier bewohnt die Baumkronen der tropischen Regenwälder.
Wer oder was bewohnt die Baumkronen? Wer-Fall

Nomen können in **vier Fällen** stehen. Die Fälle heißen:

Wer-oder-was-Fall	Wessen-Fall	Wem-Fall	Wen-oder-was-Fall
der Kaiman	des Kaimans	dem Kaiman	den Kaiman

- Nomen in den vier Fällen bestimmen
- Seite 44
- FÖ: Seite 40–43
- FÖ: Seite 37

Bäume und Tiere im Urwald

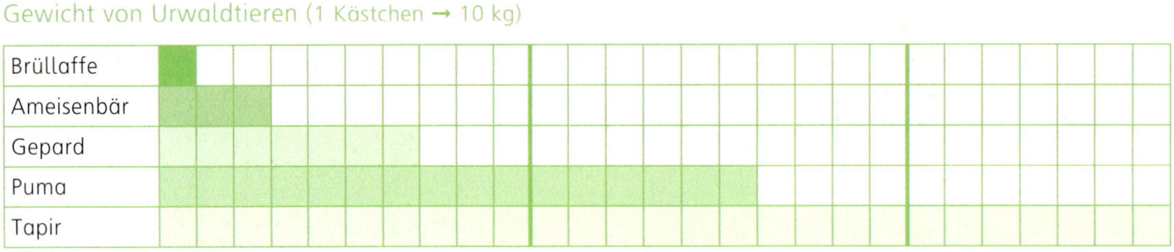

Gewicht von Urwaldtieren (1 Kästchen → 10 kg)

Brüllaffe																														
Ameisenbär																														
Gepard																														
Puma																														
Tapir																														

1 Erkläre die Diagramme. Vergleiche erst die Tiere, dann die Bäume. Schreibe so: Der Gepard ist schwerer als der Brüllaffe. …

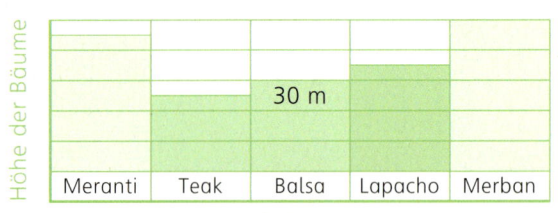

Höhe der Bäume — 30 m — Meranti, Teak, Balsa, Lapacho, Merban — Tropenhölzer

> schnell   gut   krank   schwarz   stark   häufig   rund   viel   bunt

2 Schreibe die Tabelle in dein Heft und trage die Adjektive mit ihren Vergleichsstufen ein.

Grundform	Vergleichsstufe 1	Vergleichsstufe 2
hoch	höher	am höchsten

Kolibris sind sehr kleine Vögel. Sie bauen winzige Nester aus Spinnweben, Flechten und Moos. Der Hummelkolibri ist mit 6 cm Länge am kleinsten. Der Riesenkolibri ist mit 22 cm Länge der größte Vogel dieser Art. Den längsten Schnabel hat der Schwertschnabel-Kolibri. Mit einer Länge von 10 cm ist er so lang wie Kopf, Körper und Schwanz zusammen. Kolibris haben die meisten Flügelschläge in der Sekunde. Je kleiner der Vogel ist, umso schneller müssen die Flügel bewegt werden, um das Tier in der Luft zu halten. Während des Fluges werden die Flügel steifer gehalten als bei anderen Vögeln.

3 Trage die Adjektive aus dem Text in die Tabelle ein.

4 Ergänze die Tabelle.

5 Suche aus der Wörterliste weitere Adjektive heraus und schreibe sie mit ihren Vergleichsformen auf.

Im Urwald

Im Regenwald

F**e**hler   F**a**hrer
k**e**hren   Fr**ü**hling
z**ä**hmen   z**ä**hlen
f**a**hren   R**ö**hre
St**ü**hle   F**ü**hler
W**o**hnung   gew**ö**hnen
S**o**hn   h**o**hl
ber**ü**hmt   **o**hne
f**e**hlen   n**e**hmen

die Röhre
die Zahl
gewöhnen
wohnen
hohl
ihre
ohne
sehr

der Äquator
das Gebiet
das Klima
der Kolibri
der Nektar
laichen
wachsen
tropisch

1 Prüfe, ob der markierte Selbstlaut lang oder kurz ist.

2 Schreibe die Wörter ab und markiere in jedem Wort den Buchstaben nach dem Dehnungs-h. Was fällt dir auf?

3 Schreibe die Wörter sortiert auf die Profikarte und übe sie.

Im Regenwald

Das Klima der Länder um den Äquator ist sehr heiß und regenreich. In diesen Gebieten ist es ständig warm und feucht. Die Bäume wachsen das ganze Jahr über. Tropische Regenwälder sind reich an Pflanzen und Tieren. Zahlreiche Lebewesen wohnen in den Wipfeln. Während sie fliegen, nehmen die Kolibris mit ihrem langen Schnabel Nektar aus den röhrenförmigen Blüten. Baumfrösche laichen in Wassertümpeln der Bromelien. Faultiere, Affen und Leguane klettern in den Ästen. Dabei klammern sie sich mit ihren Zehen und Schwänzen fest. Aras und Tukane öffnen mit ihren großen und kräftigen Schnäbeln Baumfrüchte. Der Jaguar ist die größte Wildkatze des Regenwaldes.

4 Schreibe alle Adjektive aus dem Text auf.

5 Schreibe 6 dieser Adjektive mit ihren Vergleichsstufen auf.

- Merkwörter mit Dehnungs-h
- Abschreibtext (102 Wörter)
- Seite 46
- Seite 47
- FÖ: Seite 40–43
- FÖ: Seite 27

Fit mit Quiesel 5

Satzglieder

überall auf der Welt
tolle Briefe
dem berühmten Quiesel
Mädchen und Jungen
täglich
schreiben

1 Bilde mit den Satzgliedern einen Satz und schreibe ihn auf.

2 Wie heißen die Satzglieder? Markiere mit der richtigen Farbe.

Wörter mit chs

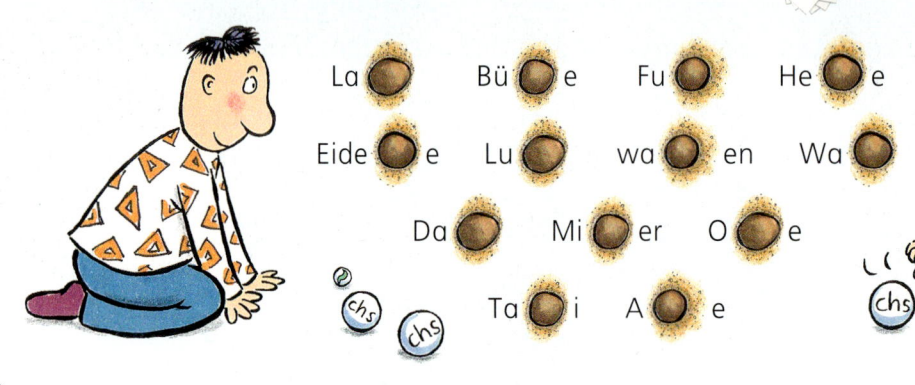

La◯   Bü◯e   Fu◯   He◯e
Eide◯e   Lu◯   wa◯en   Wa◯
Da◯   Mi◯er   O◯e
Ta◯i   A◯e

3 In welche Löcher passt die Murmel? Denke an die Wörter mit **chs**, die du gelernt hast. Schreibe sie auf.

4 Schreibe zu jedem Wort mit **chs** einen Satz.

- Satzglieder bestimmen • Seite 42 • FÖ: Seite 61
- Wörter mit chs • Seite 43 • FÖ: Seite 23

Fit mit Quiesel

Nomen in allen vier Fällen

Der Vater hängt den Schlüssel an den Haken.
Die Hausschuhe des Vaters stehen im Flur.
Der Hund will dem Vater den neuen Knochen zeigen.
Schnappi begrüßt den Vater freudig.

1 Schreibe den Text ab und markiere in jedem Satz das Nomen **Vater** mit Artikel (Begleiter).

2 In welchem Fall steht das markierte Nomen?
Schreibe die Frage und den Fall auf.

3 Ersetze in dem Text **der Vater** durch **die Mutter** und **das Kind**.
Arbeite dann wie in Aufgabe 1 und 2.

Wörter mit Dehnungs-h

Meter, Feler, Han, ir, nemen, Los, bunt, Lon, zälen, Lem, Müle, Hund, Ramen, Wonung, wärend, faren

4 Welche Wörter können kein Dehnungs-h haben?
Denke an die Länge des Selbstlauts und die Buchstaben nach dem Dehnungs-h.

5 Schreibe die Wörter mit Dehnungs-h auf.

• Nomen in den vier Fällen bestimmen
• Wörter mit Dehnungs-h
• Seite 44
• Seite 46
• FÖ: Seite 37
• FÖ: Seite 27

Bilder lesen

1 Erzählt, was im Comic passiert.

2 Schaut euch Bild für Bild an: Woran erkennt ihr, was die Figuren denken und fühlen?

3 Wie werden im Comic Geräusche, Bewegungen und Lautstärke dargestellt?

• Merkmale eines Comics kennenlernen

• FO: Seite 44–47

Bilder lesen

1 Überlegt, was Ricky im letzten Bild sagen könnte.

2 Vergleicht eure Vorschläge. Welche passen besonders gut zu der Geschichte?

3 Bringt eigene Comics mit und vergleicht sie miteinander. Findet Gemeinsamkeiten und Unterschiede bei der Gestaltung heraus.

4 Gibt es ein Lieblingscomic in eurer Klasse? Erstellt eine Strichliste.

Lieblingscomic	Anzahl der Schüler
Donald Duck	III
Asterix	I
Batmann	
MICKY MAUS	
...	

• verschiedene Comics vergleichen

• FO: Seite 44–47

Schreiben zu einem Bild

Joan Miró

1 Betrachte das Bild still für dich. Was fällt dir dazu ein?

2 Formuliert eure Gedanken in Stichworten. Sammelt sie in der Klasse.

3 Denke dir eine Geschichte zu dem Bild aus und schreibe sie auf.

4 Lest euch die Geschichten gegenseitig vor.

• freies Schreiben zu einem Kunstwerk

• FO: Seite 44–47

Bilder lesen

Wo?

"Wo liegt der Pinsel?"

"auf dem Tisch"

1 Wo sind die Gegenstände?

2 Schreibe die Fragen und Antworten auf.
Markiere in den Antworten den Artikel (Begleiter) und das Nomen:
Wo liegt der Pinsel? – auf dem Tisch
Wo steht die Vase? – auf dem Fensterbrett

> Wenn du mit „Wo?" fragst, steht das Nomen in der Ortsangabe im **Wem-Fall**.

Wohin?

"Wohin gehört der Pinsel?"

"auf den Tisch"

3 Wohin gehören die Gegenstände? Vergleiche mit dem oberen Bild.

4 Schreibe die Fragen und die Antworten auf.
Markiere in den Antworten den Artikel (Begleiter) und das Nomen:
Wohin gehört der Pinsel? – auf den Tisch

> Wenn du mit „Wohin?" fragst, steht das Nomen in der Ortsangabe im **Wen-oder-was-Fall**.

• Dativ und Akkusativ bei der Ortsergänzung • Seite 50 • FO: Seite 44–47 • FO: Seite 38

87

Atemberaubende Adjektive

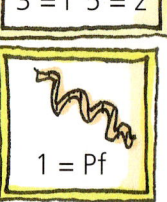

1 = L	3 = i 5 = z	3 = g	1 = W	2 = ä 3 = r
1 = Kn	1 = Pf	1 = S 2 = o	1 = Br	1 = S 3 = e

1 Welche Nomen werden hier gesucht? Schreibe sie auf.

neu	sauber	berühmt	gelb	schnell
stark	rein	aktuell	rot	ruhig

2 Bilde zusammengesetzte Adjektive und schreibe sie auf: lupenrein, …

3 Schreibe Sätze mit den zusammengesetzten Adjektiven.

Fehler finden mit der Quiesel-Karte

- Lies den Text aufmerksam Wort für Wort.
- Hast du die Nomen großgeschrieben?
- Prüfe, ob du alle Tipps angewendet hast.

4 Erkläre, wie du mit der Quiesel-Karte Fehler finden kannst.

Warst du schon einmal in einer galerie? In einer Galerie kannst du dir die Bilder | I
fon einem oder mehreren Malern ansehen. Die Reume sind hell und ruhik. | III
Die gemälde sind übersichtlich an den Wenden angeordnet. Als besucher | III
entscheidest du selbst, wie lange du ein Bilt betrachtest. Manchmal bekomst du | II
ein Abspielgerät mit kopfhörern. Damit erhältst du Infomationen über die Bilder. | II

5 In dem Text sind 4 kleingeschriebene Nomen und 7 weitere Fehler.
Finde die Fehler und schreibe den Text richtig auf.

- Adjektivkomposita
- Fehler finden mit der Quiesel-Karte
- Seite 51
- Seite 53
- FÖ: Seite 44–47
- FÖ: Seite 51
- FÖ: Seite 21

Bilder lesen

Berufsbilder

	die Handlung
	der Schluss
	der Stift
	der Text
	anfertigen
	bekommen
	einfärben
	bestimmt
	der Comic
	der Effekt
	die Pointe
	die Skizze
	notieren
	ähnlich
	überraschend
	zufrieden

1 Welche Gegenstände gehören zu welchem Beruf?
Ordne immer fünf Gegenstände zu und schreibe so:
Der Fotograf braucht ein Motiv, ein Blitzlicht, …, … und ….

> Zwischen Wörtern, mit denen wir etwas aufzählen, werden Kommas gesetzt:
> Der Fotograf braucht ein Motiv, ein Blitzlicht und eine Kamera.

Comics selbst zeichnen

Als Erstes brauchst du eine Idee. Vielleicht möchtest du eine bestimmte Figur zeichnen und denkst dir einfach eine Handlung dazu aus. Überlege dir gleich, welche Pointe deine Geschichte haben soll. Eine Pointe ist ein überraschender Schlusseffekt, ähnlich wie bei einem Witz. Beginne nun zu zeichnen. Fertige zuerst Skizzen mit dem Bleistift an und notiere kurz deine Idee. Probiere die Figuren so lange aus, bis du mit dem Ergebnis zufrieden bist. Zeichne dann alles mit einem schwarzen Filzstift nach. Verwende für den Text verschiedene Sprechblasen. Nun kannst du die Bilder einfärben. Viel Spaß!

2 Schreibe alle Nomen aus dem Text auf und unterstreiche die, die du nicht malen kannst.

• Komma bei Aufzählungen
• Abschreibtext (95 Wörter)
• Seite 52
• Seite 53
• FÖ: Seite 44–47
• FÖ: Seite 62

Selten so gelacht

Guten Tag! Haben Sie Schweineohren?

Dann sehen Sie aber komisch aus.

Sie sind also Klari, die Nette? Sehr erfreut!

Ein Junge geht zu seiner Mutter und fragt: „Kannst du mir 1 Euro für einen alten Mann geben?" Da freut sich die Mama, weil sie so einen lieben Sohn hat. Sie fragt: „Wo ist denn der Mann?" Da sagt der Junge: „Er steht an der Ecke und verkauft Schokoladeneis."

1 Was bringt dich auf diesen Seiten zum Lachen?

2 Welche dieser Geschichten kann man gut erzählen?
- Wie beginnen sie?
- Wovon handeln sie?
- Was ist am Ende so lustig?

- Struktur einer lustigen Geschichte verstehen und erklären
- Seite 54
- FO: Seite 48–51

Selten so gelacht

Es klapperten die Klapperschlangen, bis ihre Klappern schlapper klangen.

Opa, ich kann mich nicht mehr erinnern, welches dein Eis ist!

Warum hält sich dein Bruder die Nase zu?

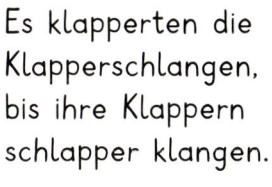

Er sagt, weil sein Hasi so gepupst hat.

Aber Hasen können doch gar nicht pupsen.

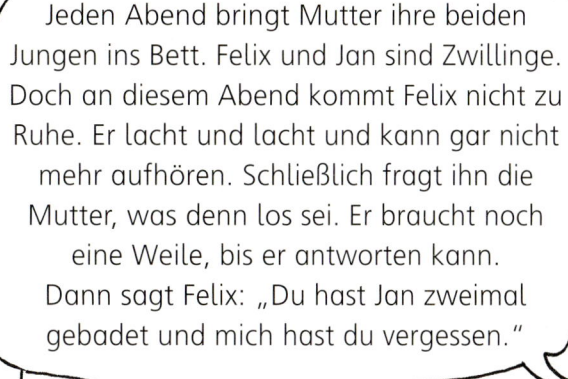

Jeden Abend bringt Mutter ihre beiden Jungen ins Bett. Felix und Jan sind Zwillinge. Doch an diesem Abend kommt Felix nicht zu Ruhe. Er lacht und lacht und kann gar nicht mehr aufhören. Schließlich fragt ihn die Mutter, was denn los sei. Er braucht noch eine Weile, bis er antworten kann. Dann sagt Felix: „Du hast Jan zweimal gebadet und mich hast du vergessen."

- Den ersten Satz auswendig lernen!
- Laut und deutlich sprechen!
- Die Zuhörer ansehen!
- Pausen machen!
- Die Stelle zum Lachen besonders betonen!

1 Welche lustigen Geschichten kennt ihr noch?

2 Worauf musst du beim Erzählen einer lustigen Geschichte achten?

3 Tragt lustige Geschichten vor. Erzählt, was euch besonders gefallen hat.

• Vortrag proben und gestalten   • Seite 54   • FO: Seite 48–51

Doktor Till

1 Vor vielen Jahren kam Till nach Nürnberg. Weil er Arbeit suchte, hängte er ein Plakat an die Kirchentür, auf dem geschrieben stand: „Wunderdoktor in der Stadt."

Nach drei Tagen aber kamen die Kranken zurück. Der Direktor zog sofort seinen weißen Kittel an.

3 Aus dem Kränksten wollte Till ein Pulver machen, das er den anderen als Medizin geben wollte. Und den Kränksten wollte Till daran erkennen, dass er zuletzt den Saal verlässt. Sofort rannten die Kranken davon. Nach wenigen Minuten war das Krankenhaus leer. Der Direktor staunte über die schnelle Heilung der Kranken und gab Till das Geld. Till verließ sofort die Stadt.

Nach drei Tagen aber kamen die Kranken zurück. Sofort untersuchte der Direktor jeden Kranken.

2 Als der Direktor des Krankenhauses von dem Wunderdoktor erfuhr, ließ er Till sofort zu sich kommen. Weil er sparen wollte, versprach er Till ein kleines Vermögen, wenn er es schaffte, alle Kranken ganz schnell zu heilen. Till versammelte sofort alle Kranken in einem großen Saal. Und als er mit ihnen allein war, erklärte er ihnen, wie er sie heilen wollte.

4 Nach drei Tagen aber kamen die Kranken zurück. Jetzt merkte auch der Direktor, dass Till ihn reingelegt hatte.

1 Lies alle Abschnitte. Welche können Einleitung, Hauptteil oder Schluss sein?

2 Welcher Schluss passt am besten? Begründe deine Wahl.

3 Lege die Reihenfolge der Abschnitte fest und lies die Geschichte vor.

4 Schreibe selbst eine lustige Geschichte.

Den Schluss einer lustigen Geschichte nennt man **Pointe**. Sie überrascht den Zuhörer und ist komisch oder witzig.

Überschrift

Einleitung
Wer? Wann?
Wo? Was?

Hauptteil
Was geschieht?

Schluss
Pointe

• unterhaltsamen Text nach Schreibkriterien strukturieren und schreiben
• Seite 54
• FO: Seite 48–51

Zwei lustige Texte

Einmal haben wir in der Schule über unsere Eltern gesprochen. Als ich nach Hause kam, war ich ganz neugierig.
„Mama, wo bist du geboren?", wollte ich wissen. „In Berlin", antwortete Mama.
„Und Papa, wo ist der geboren?"
„In Hamburg, mein Kind", sagte Mama.
„Und wo bin ich geboren?", fragte ich.
„Du bist in Köln geboren", gab Mama Auskunft.
Ich überlegte und sagte: „Da haben wir aber Glück gehabt, dass wir drei uns getroffen haben."

Eine alte Dame macht ihre erste Schiffsreise. Es ist ein großes Schiff mit zwei riesigen Schornsteinen. Auf die Schornsteine sind große Fische gemalt. In ihrer Kabine räumt sie ihren Koffer aus. Nach einer Weile kommt der Kapitän und fragt: „Ist alles in Ordnung, gnädige Frau?" Die Dame ist ganz entzückt und zeigt auf das Bullauge: „Sie haben hier so einen schönen Wandschrank. Was da alles hineinpasst!"

1 Welche Geschichte ist lustig? Warum?

2 Überlege, wie man die Geschichte von der Schiffsreise noch lustiger erzählen kann. Welche Sätze kann man weglassen, damit die Überraschung am Ende noch größer wird?

3 Schreibe deine Geschichte auf.

4 Schreibe den Text am Computer und gestalte ihn.

Welche Schrift kann man denn gut lesen?

Schriftart
Schriftgröße
Farben
Hintergrund

Eine alte Dame

- über die Wirkung von Texten nachdenken
- Texte überarbeiten

Ben gibt alles zu

Plötzlich ⬤ die Haustür zu. Ben ⬤ polternd herein. Sofort ⬤ Mutter ihn aus: „Wie viele Aufgaben hatte eure Mathematikarbeit heute?" „Es waren 12 Aufgaben", antwortet Ben mit ernster Miene. „Und wie viele hast du falsch gerechnet?", ⬤ die Mutter weiter nach. „Nur eine!", ⬤ Ben zu. „Das ist ja ein Grund zu feiern", ⬤ die Mutter ihm schon ihre Glückwünsche aus. „Und was hast du bei den anderen gerechnet?" Nun ⬤ die Stunde der Wahrheit heran. Kleinlaut ⬤ Ben die Wahrheit zu: „Zu denen bin ich leider nicht mehr gekommen."

Manchmal ist bei den Verben ein Teil abgetrennt.

---

zuknallen   aussprechen   zugeben   nachfragen

zugeben   hereinstürmen   herannahen   aushorchen

---

1 Lest den Text. Die Verben aus dem Kasten helfen euch.

2 Erzähle den Witz mit eigenen Worten.

3 Schreibe den Text vollständig auf. Unterstreiche in den Sätzen das Verb und den abgetrennten Teil.

4 Schreibe die Tabelle in dein Heft und trage die Verben ein. Was fällt dir auf?

zusammengesetztes Verb	Verb	Wortbaustein
zuknallen	knallen	zu

---

auf   zu   nach   vor   weiter
ab   hoch   weg   ein   über

zählen   hören   machen   lesen   fahren
steigen   ziehen   werfen   nehmen   bringen

---

5 Welche zusammengesetzten Verben kannst du bilden? Schreibe so:
auf – zählen → aufzählen, …

Selten so gelacht

Wer ist das?

Riesig ist die Zahl seiner Freunde. Freundlich leuchten seine Augen. Mit seinem herzhaften Lachen erobert er die Gunst der Zuschauer. Seine Nase ist knallrot, dick und rund. Er stolpert häufig mit seinen langen Schuhen. Meistens spielt er mit seiner Trompete ein kleines Liedchen. Sein Zirkus-Auto kostet viel mehr als eintausend Euro.

1 Wer ist gemeint?

2 Schreibe den Text in dein Heft.

3 Unterstreiche das Satzglied, das auf die Fragen „Wie …?", „Wie viel …?" oder „Womit …?" antwortet.

4 Schreibe die Fragen zu den unterstrichenen Satzgliedern auf.

Viele Kinder kennen ihn. Jetzt kann man ihn ✺ erreichen. Er antwortet ✺. ✺ hilft er den Kindern. Er lacht auch ✺. Sein Mund ist ✺. Seine Jacke ist ✺. Er ist ✺. ✺ kann man ihm immer zum Lachen bringen.

> mit einer E-Mail   mit einem guten Witz   mit seinen tollen Tipps
>
> gern   riesengroß und rot   blau, lang und warm   sehr neugierig
>
> sehr freundlich

5 Wer ist gemeint? Setze die Ergänzungen der Art und Weise ein.

6 Schreibe den Text vollständig auf. Unterstreiche die Ergänzungen der Art und Weise.

> Das Satzglied, das auf die Fragen **„Wie …?"**, **„Wie viel …?"** oder **„Womit …?"** antwortet, ist die **Ergänzung der Art und Weise**.

• Satzglieder bestimmen
• Ergänzung der Art und Weise erkennen

Alles in Ordnung

1. Wie können Max und Lina sich noch verkleiden? Erzählt.

2. Wie müssen sie die Sachen ordnen, wenn sie aufräumen wollen?
   Finde zu jeder Gruppe einen Oberbegriff.

3. Schreibe zu jedem Oberbegriff die Wörter geordnet auf.

Kurz oder lang?

Mache bei jedem Wort die Armprobe.

W**i**nd | L**ei**ter | K**ai**ser
B**ä**cker | W**a**sser | K**a**tze
B**au**ch | **Au**to | N**a**me
Eimer | L**ie**d | M**eh**l | H**aa**r
B**eu**tel | R**äu**ber | **Eu**le

lang | kurz

Bei Doppellauten kann man keine Armprobe machen.

4. Bei welchen Wörtern ist der markierte Selbstlaut oder Doppellaut lang?

5. Schreibe die Wörter auf, bei denen du ohne Armprobe erkennst, dass der markierte Laut lang ist. Finde weitere in der Wörterliste.

Doppellaute (Zwielaute) sind immer lang: ai, au, äu, ei, eu.

- nach Oberbegriffen ordnen
- Vokallänge prüfen
- Doppellaute als Sonderform

- FÖ: Seite 48–51
- FÖ: Seite 67
- FÖ: Seite 7

Selten so gelacht

Merkwörter mit ai

L😊😊ch   M😊😊s   K😊😊ser   K😊😊   H😊😊

L😊😊e   L😊😊b   M😊😊   S😊😊te   W😊😊se

- Form von Brot oder Käse
- Getreidepflanze
- Monat
- Vorname
- Kind ohne Eltern

- kein Fachmann
- Froscheier
- Herrscher
- Teil eines Instruments
- Raubfisch

W

der Hai
der Kaiser
der Laich
der Laie
Mai
der Mais
die Saite
die Waise

die Hilfe
die Klingel
das Problem
der Zentimeter
abstatten
ganz
weg
zuerst

1 Setze **ai** ein. Wie heißen die Wörter?

2 Schreibe die Wörter mit **ai** untereinander auf.

3 Schreibe zu jedem Wort mit **ai** auf, was es bedeutet.

4 Übe die Wörter mit **ai** mit der Profikarte.

Eine große Hilfe

Es war im Mai. Herr Kaiser stattete seiner Tante in Mainz einen Besuch ab. Er ging die Hauptstraße entlang und sah vor einem Haus einem kleinen Jungen zu. Der kleine Kai streckte den Arm aus. Aber seine Finger kamen nicht bis zur Klingel heran. Herr Kaiser erkannte gleich das Problem und fasste schnell mit an. Er hob Kai einige Zentimeter hoch. Kai drückte zuerst den Klingelknopf bei Frau Spiegel etwas ein. Dann klingelte er bei Maiers und bei Schultes. Ganz aufgeregt sah er Herrn Kaiser an und rief ihm zu: „Laufen Sie jetzt ganz schnell weg! Sonst holt Herr Schulte Sie noch ein."

5 Welche Verbteile gehören zusammen? Schreibe sie zusammen auf.

Fit mit Quiesel 6

Wo ...? Wohin ...?

1 Wo sind die Gegenstände? Schreibe die Fragen und Antworten auf.
Markiere die Nomen im Wem-Fall: Wo liegt das Buch? – auf <u>dem Tisch</u>, ...

2 Wohin gehören die Gegenstände? Schreibe die Fragen und Antworten auf.
Markiere die Nomen im Wen-Fall: Wohin gehört das Buch? – in <u>das Regal</u>, ...

Komma bei Aufzählungen

Rose, Apfel, Birne, Reiterin, Skateboard, Sprinterin, U-Boot, Dampfer, Pflaume, Inliner, Sonnenblume, Kirsche, Nelke, Fußballer, Motorrad, Roller, Schwimmer, Osterglocke, Tulpe, Fahrrad, Pfirsich, Ruderboot, Segelboot, Weitspringer, Kanu

JULIUS, NADJA, ESME, TINA, FELIX

3 Was sammeln die Kinder? Finde immer fünf Wörter, die zusammenpassen, und schreibe so: Tina sammelt Bilder mit Nelken, Tulpen, ... und ... .

4 Markiere die Kommas.

- Dativ und Akkusativ bei der Ortsergänzung
- Komma bei Aufzählungen
- Seite 50
- Seite 52
- FÖ: Seite 38
- FÖ: Seite 62

Fit mit Quiesel

Wörter ordnen

1 Wie muss Quiesel die Dinge auf dem Lastwagen ordnen?
Schreibe so: Obst: Äpfel, … .

Merkwörter mit ai

Kuckucks**ei**
M**ai**nbrücke

Futterm**ai**s
W**ai**senhaus
Bügel**ei**sen

M**ai**baum
K**ai**serpinguin
Gitarrens**ai**te
Froschl**ai**ch

Eierbecher
Hammerh**ai**
Brotl**ai**b
L**ai**enbühne

2 Bei welchen Wörtern schreibst du **ai**?
Denke an die Wörter, die du gelernt hast.

3 Schreibe die Wörter mit **ai** auf: die Mainbrücke, …

- Nomen nach Oberbegriffen ordnen
- Wörter mit ai
- Seite 57
- FÖ: Seite 67
- FÖ: Seite 24

Rad fahren

1 Erzählt, was auf dem Bild passiert.

2 Welche gefährlichen Situationen findet ihr?

3 Beschreibe eine gefährliche Situation so, dass ein anderes Kind sie wiederfinden kann.
　▽　Warum ist diese Situation gefährlich?
　▽　Wie kannst du die Gefahr vermeiden?

- Bildbeschreibung
- Situationen einschätzen

- FO: Seite 52–55

Rad fahren

1 Olivia will zu Jonas fahren. Welche Wege gibt es dorthin?

2 Welches ist der sicherste Weg? Warum?

• Wegbeschreibung formulieren • Seite 58 • FO: Seite 52–55

Richtig beschrieben?

Tipps zur Wegbeschreibung
- Nenne markante Punkte!
- Fasse dich kurz!
- Gib nur wichtige Informationen!

Tim fährt an der Kreuzung los. Zuerst muss er auf ein abbiegendes Auto warten. Das Auto scheint frisch gewaschen zu sein. Dann überquert er die Vorfahrtsstraße und fährt geradeaus. An der nächsten Kreuzung setzt er nach dem Schulterblick das Handzeichen und biegt links ab. Nach etwa 20 Metern kommt eine Kreuzung, an der er wieder an den Schulterblick denkt, das Handzeichen fürs Abbiegen setzt und rechts abbiegt. Dort trifft er auf das andere Kind. Das Kind freut sich sehr.

1 Folge dem beschriebenen Weg mit dem Finger auf dem Bild.

2 Streiche im Text unnötige Informationen durch. Verbessere falsche Angaben.

3 Schreibe die Wegbeschreibung richtig auf.

4 Suche dir eine andere Fahrstrecke auf dem Plan aus. Schreibe die passende Wegbeschreibung dazu auf.

> Kreuzung – abbiegen – geradeaus fahren – Handzeichen setzen – Schulterblick – anfahren – Vorfahrt gewähren – rechts vor links – einordnen – Gegenfahrbahn – Linksabbiegerspur – Haltelinie – Einmündung – Fahrzeuge – Gegenverkehr

- Kriterien einer Wegbeschreibung
- Text aufschreiben
- Seite 58
- FO: Seite 52–55

Rad fahren

Der Melonentest

"Den Helm nach dem Test nicht mehr verwenden!"

"Morgen werden wir den Melonentest machen. Zuerst werden wir zwei Melonen kaufen. Dann wird einer Melone ein Fahrradhelm aufgesetzt. Danach wird der Lehrer auf eine Leiter steigen. Ein Kind wird die Melonen dem Lehrer auf der Leiter geben. Die Melone mit dem Helm wird den Aufprall überleben."

Gestern machten wir den Melonentest ...

1 Was wollen die Kinder herausfinden?

2 Markiere die Verben in der Sprechblase.

3 Schreibe die Tabelle in dein Heft und ergänze sie.

Zukunftsform	einfache Vergangenheit	Gegenwart
wir werden machen	wir machten	wir machen

4 Schreibe den Text in einfacher Vergangenheit zu Ende.

"Morgen 🍉 ich mich rächen! Die Kinder 🍉 sich schon wundern, ich 🍉 nämlich ab morgen immer einen Helm tragen. Dann 🍉 mich die Kinder niemals essen können. Die Kinder 🍉 sich gut überlegen, wie man mit Melonen umgeht!"

5 Lies den Text. Setze immer die richtige Form von **werden** ein.

6 Schreibe den Text vollständig auf und unterstreiche die Zukunftsform:
Morgen werde ich mich rächen! ...

• Wiederholung: Präsens, Futur, Präteritum • Seite 60 • FO: Seite 52–55 • FÖ: Seite 42–45

Das Wäscheklammer-Spiel

Er ist ein ganz genauer Beobachter. **Ihm** entgeht kein Fehler der Kinder. So leicht kann **ihn** nichts aus der Ruhe bringen. Macht ein Kind einen Fehler, entfernt **er** eine Wäscheklammer vom Bremskabel des Fahrrades. Die Kinder vertrauen **ihm**. Manchmal ist **ihm** aber auch schon ein Fehler passiert. Das passiert dann, wenn man ihn ablenkt und er die Kinder nicht richtig beobachtet. Marius ist heute der Gewinner, **er** hat ihm keine Wäscheklammern abnehmen müssen. Alle Kinder klatschen. Am Schluss der Stunde bekommt Marius von **ihm** einen kleinen Preis.

1 Lest den Text. Wer wird hier beschrieben?

2 Frage nach den farbigen Pronomen und antworte mit dem richtigen Nomen. Schreibe so:
Wer ist ein genauer Beobachter? – der Polizist
Wem entgeht kein Fehler? – dem Polizisten …

Rad fahren

Die Fahrradprüfung

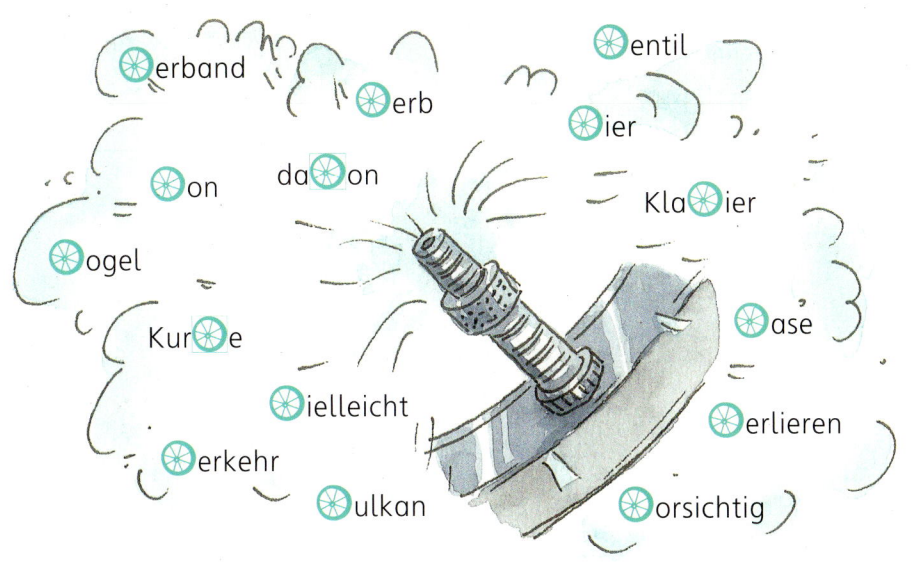

Verband, Verb, Ventil, Vier, Von, davon, Klavier, Vogel, Kurve, Vase, vielleicht, verlieren, Verkehr, Vulkan, vorsichtig

W
die Kurve
das Ventil
der Verkehr
verlieren
voll
vorsichtig
davon
vier
der Bordstein
der Frontreflektor
der Helm
die Prüfung
der Reifen
die Reihe
bestehen
schnell

1 Welcher Buchstabe fehlt?

2 Sprich die Wörter deutlich. Wie klingt der fehlende Buchstabe?

3 Schreibe die Wörter richtig auf. Markiere das **V/v**:
Verband, Vulkan, …

4 Suche weitere Wörter mit **V/v** im Wörterbuch.

Die Prüfung

Gestern machte die vierte Klasse eine Fahrradtour. Alle Kinder mussten ihre Fahrräder mit in die Schule bringen. Dort kontrollierte der Lehrer, ob die Fahrräder verkehrssicher waren. Fast alle Räder waren in Ordnung. Bei Kai fehlte ein Frontreflektor. Aber Olivia hatte einen Ersatz dabei. Dann stellten sie sich in einer langen Reihe auf und fuhren los. Jeder musste großen Abstand zum Vordermann halten. In einer Kurve fuhr Kai gegen einen Bordstein. Zum Glück passierte nichts, und er konnte weiterfahren. Die Klasse machte eine lange Tour mit vielen Pausen. Am Ende des Tages waren alle Kinder müde von der Fahrradtour.

4 Suche im Text alle Wörter, die etwas mit **Verkehr** zu tun haben. Schreibe sie auf.

• Merkwörter mit V/v
• Abschreibtext (100 Wörter)
• Seite 60
• FO: Seite 52–55
• FÖ: Seite 25

Durch das Jahr

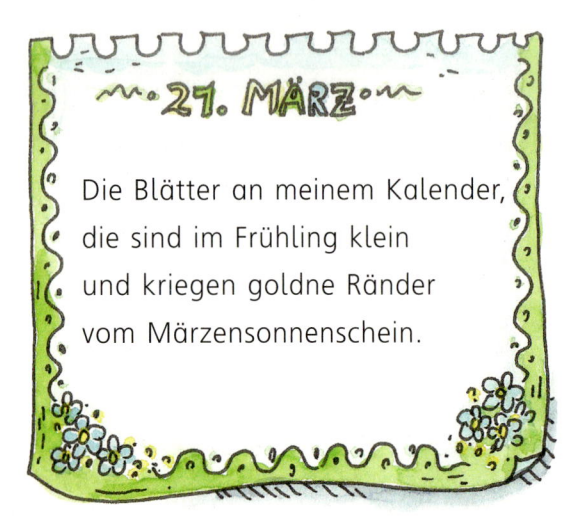

21. März

Die Blätter an meinem Kalender,
die sind im Frühling klein
und kriegen goldne Ränder
vom Märzensonnenschein.

21. Juni

Im Sommer sind sie grüner,
im Sommer sind sie fest,
die braunen Haselhühner
erbaun sich drin ihr Nest.

1 Was erleben die Tiere in den Jahreszeiten?
2 Wie passen die Verse des Gedichts zu den Bildern?

• Tiere im Jahreszyklus

Durch das Jahr

23. September

Im Herbst ist Wolkenwetter,
und Sonnenschein wird knapp,
da falln die Kalenderblätter,
bums, ab.

22. Dezember

Im Winter, wenn die Zeiten hart,
hat es sich auskalendert.
Ich sitze vor der Wand und wart,
dass sich das Wetter ändert.

Peter Hacks

1 Schreibe das Gedicht auf und gestalte es als Kalenderblatt.

2 Schreibe zusammengesetzte Nomen auf,
in denen immer eine Jahreszeit vorkommt.

3 Vergleicht eure Ergebnisse.

Frühlingsanfang
Sommernacht
Herbststurm
Winterwetter

• Gedicht aufschreiben und gestalten

Im Herbst

Der schöne Sommer ging von hinnen,
Der Herbst der reiche, zog ins Land.
Nun weben all die guten Spinnen
So manches feine Festgewand.

Sie weben zu des Tages Feier
Mit kunstgeübtem Hinterbein
Ganz allerliebste Elfenschleier
Als Schmuck für Wiese, Flur und Hain.

Ja, tausend Silberfäden geben
Dem Winde sie zum leichten Spiel,
Die ziehen sanft dahin und schweben
Ans unbewusst bestimmte Ziel.

Wilhelm Busch

1 Lest das Gedicht. Sprecht über Textstellen, die ihr nicht versteht.

2 Bereite einen betonten Vortrag des Gedichtes vor:
- Schreibe das Gedicht ab. Lies es noch einmal.
- Versuche, dir vom Textinhalt Bilder vorzustellen.
- Unterstreiche Wörter, die sich reimen, mit der gleichen Farbe. Wie sind sie angeordnet?
- Setze Pausenzeichen. Beachte Quiesels Tipp.
- Markiere die Wörter, die du besonders betonen willst.
- Übe deinen Vortrag.

3 Tragt eure Gedichte vor.

4 Sprecht den Text einmal anders, z. B. gesungen, berichtend, nachdenklich, fröhlich, gerappt …

Atemprobe
Wenn man an einer Stelle/ eine Atempause macht,/ ohne einen Gedanken zu unterbrechen,/ setzt man ein Pausenzeichen.

- Gedichtvortrag gestalten
- Pausenzeichen setzen

• FO: Seite 56–57

Sinnesgarten-Gedichte

Wer nie
prächtig gefärbte Blätter gesehen hat,
das Heulen des Windes gehört hat,
süße, reife Früchte geschmeckt hat,
frische Waldluft eingeatmet hat
und
weiches feuchtes Moos gespürt hat,
der hat nie den Herbst erlebt.

Wer nie
grauen Nebel gesehen hat,
das Rascheln der Blätter gehört hat,
leckere Pilze geschmeckt hat,
kühle, feuchte Luft eingeatmet hat
und
Spinnenweben im Gesicht gespürt hat,
der hat nie den Herbst erlebt.

1 Lies die Gedichte.

2 Markiere, was bei beiden Gedichten gleich ist. Wie sind sie aufgebaut? Beschreibe den Bauplan.

3 Schreibe ein eigenes Sinnesgarten-Gedicht über den Herbst.

4 Schreibt eure Gedichte auf gepresste Laubblätter. Gestaltet gemeinsam im Klassenraum einen Herbstbaum, eine Girlande oder ein Mobile.

- Sinnesgarten-Gedicht schreiben
- Gedicht präsentieren
- FO: Seite 56–57

Herbstzeit – Erkältungszeit – Teezeit

Ich möchte den Tee.

Welchen denn? Das musst du schon genauer bestimmen.

Regal mit Teesorten: Kamille, Kräuter, Pfefferminze, Salbei bei Husten, Apfel, Fenchel, Vanille, bei Erkältung, Multivitamin, Himbeere, Zitrone, Aprikose, Kirsche

1 Welche Teesorten gibt es? Schreibe sie untereinander mit Artikel (Begleiter) auf:
der Kamillentee
der …

2 Unterstreiche, was die Wörter genauer bestimmt.

3 Finde zu den Grundwörtern **Bonbon** und **Marmelade** möglichst viele Zusammensetzungen.
das Pfefferminzbonbon, …
die Himbeermarmelade, …

4 Unterstreiche Artikel (Begleiter) und Grundwort in der gleichen Farbe. Was fällt dir auf?

> Das erste Wort bei **zusammengesetzten Nomen** ist das **Bestimmungswort**. Das zweite Wort ist das **Grundwort**. Das Bestimmungswort erklärt das Grundwort genauer. Der Artikel (Begleiter) richtet sich nach dem Grundwort.

Worttreppen

die Ernte	Kreuz	Herbst
das Erntefest	Kreuzspinne	Herbstbaum
der Erntefestzug	Kreuzspinnennetz	Herbstbaumblatt
die Erntefestzugmusik	Kreuzspinnennetzfalle	Herbstbaumblatthaufen

Denkt euch weitere Worttreppen aus!

5 Seht euch die Worttreppe **Ernte** genauer an.
Warum verändert sich der Artikel (Begleiter)? Lest im Merkkasten nach.

6 Schreibe die beiden anderen Worttreppen mit Artikel (Begleiter) auf.

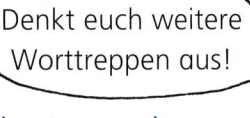

- Komposita bilden
- Grundwort/Bestimmungswort erkennen
- Seite 64
- FO: Seite 56–57
- FÖ: Seite 39

Herbst

Laubhaufen

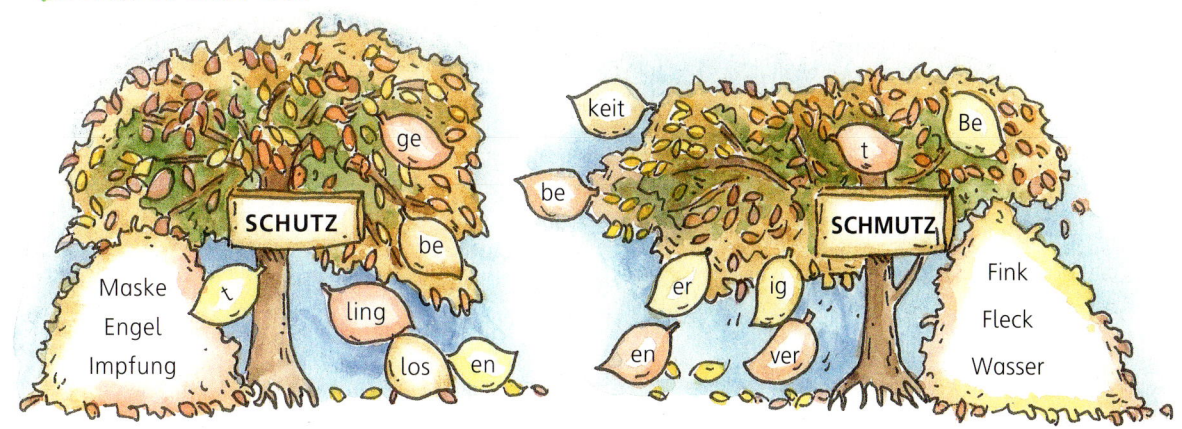

Baum SCHUTZ: ge, be, be, ling, los, en, Maske, Engel, Impfung

Baum SCHMUTZ: keit, Be, be, t, er, ig, en, ver, Fink, Fleck, Wasser

1 Welche Wörter kannst du zusammensetzen?

2 Erkläre, was die Wörter bedeuten.

3 Schreibe sie nach den Wortfamilien geordnet auf:
SCHUTZ: …
SCHMUTZ: …

4 Bilde Sätze mit den Wörtern. Markiere den Wortstamm.

Schützt den Wald

An schönen, sonnigen Herbsttagen gehen viele Leute gern in den Wald. Sie machen lange Wanderungen, sammeln Pilze oder spazieren gemütlich. Dabei genießen sie die herbstliche Farbenpracht und die frische Herbstluft. Wer besonders leise ist, kann das eine oder andere Tier beobachten. Leider gibt es immer wieder Menschen, die den Wald verschmutzen. Sie hinterlassen ihren Müll achtlos in der Natur. Aufgestellte Schilder sollen dazu auffordern, den Abfall wieder mit nach Hause zu nehmen. Gemeinsam können wir das Leben im Wald schützen.

5 Suche alle Nomen aus dem Text heraus.

6 Bilde zusammengesetzte Nomen. Schreibe sie mit Artikel (Begleiter) auf und unterstreiche das Grundwort.

---

der Schmutz
der Schutz
der Schützling
schützen
verschmutzen
beschützt
schmutzig
schutzlos

der Abfall
die Pracht
genießen
spazieren
achtlos
gemütlich
herbstlich
sonnig

Müll abladen verboten!

• Wortfamilien/Wortstamm
• Abschreibtext (83 Wörter)
• Seite 65
• FÖ: Seite 56–57
• FÖ: Seite 16
• FÖ: Seite 17

Winter-Gedicht

WENN DER SCHNEEPRINZ KOMMT

Irgendwann,
du denkst gar nicht dran,
kommt der Schneeprinz
mit seinem Gefolge an.
Es wird kalt
und kälter und dann,
fangen Wolken
leise zu weinen an.
Schneeflocken,
wie Tanzgeister so munter,
wirbeln fröhlich
vom Himmel herunter.
Es wird hell
und heller, und dann
haben Bäume
schneeweiße Mützen an.
Und das Land
liegt still und verschneit
wie verzaubert
im Wintermärchenkleid.

Elke Bräunling

1 Lies das Gedicht. Erzähle, worum es geht.

- Du hast prima auswendig gelernt.
- Manche Stellen hast du richtig gut betont.
- Ich finde, du hättest mehr Pausen machen können.
- Ich fand gut, dass du passende Bewegungen zum Gedicht gefunden hast.
- Du hast auch schön flüssig gesprochen.
- Du hast sehr deutlich gesprochen.

2 Was meinen die Kinder zu dem Vortrag? Worauf haben sie geachtet?

3 Tragt das Gedicht vor. Was war gut? Welche Tipps könnt ihr noch geben?

• Gedicht auswendig sprechend und darstellend gestalten   • FO: Seite 58–59

Winter

Spaß im Winter

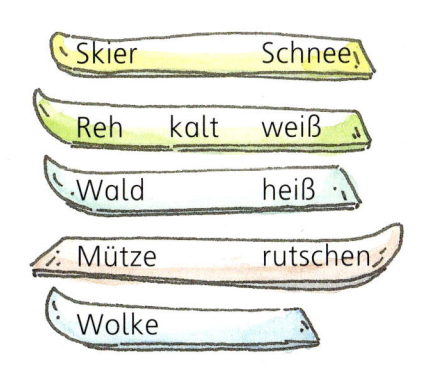

```
        Skier                1
     gleiten im              2
  weißen kalten Schnee.      3
   Unten liegt das Tal.      4
 Ich fahre leicht und weich. 5
   Dort steht eine Tanne.    4
     Ich fahre vorbei.       3
        Ein Bach!            2
         Vorsicht!           1
```

Skier — Schnee
Reh — kalt — weiß
Wald — heiß
Mütze — rutschen
Wolke

1 Lies das Schnellballgedicht. Wie ist es aufgebaut?

2 Welche Wörter aus dem Wortfeld **Winter** findest du im Gedicht?

3 Sammle weitere Wörter zum Wortfeld **Winter**.

4 Schreibe ein Schneeballgedicht. Verwende Wörter aus dem Wortfeld **Winter**.

Einladung zum Winterfest

Sehr geehrter Herr Bürgermeister,

wir laden Sie ganz herzlich zu unserem Winterfest ein. Wir möchten Ihnen mit der Einladung eine kleine Freude machen und fänden es schön, wenn sie trotz ihrer vielen Termine zusagen würden. Sicher werden sie viel Spaß mit uns haben. Kommen sie am Samstag um 14:00 Uhr mit uns auf den Rodelhang. Wir möchten gern einmal mit ihnen Schlitten fahren.

Ihre Klasse 4b

> Wenn man jemanden mit **Sie** anspricht, schreibt man die Pronomen groß.

5 Was meint Quiesel?

6 Welche Wörter müssen im Brief noch großgeschrieben werden?

7 Schreibe den Brief richtig auf und unterstreiche die Formen von **Sie** und **Ihr**.

- Schneeballgedicht
- Wortfeld: Winter
- Höflichkeitsanrede im Brief
- FO: Seite 58–59
- FO: Seite 68

Toller Sprung

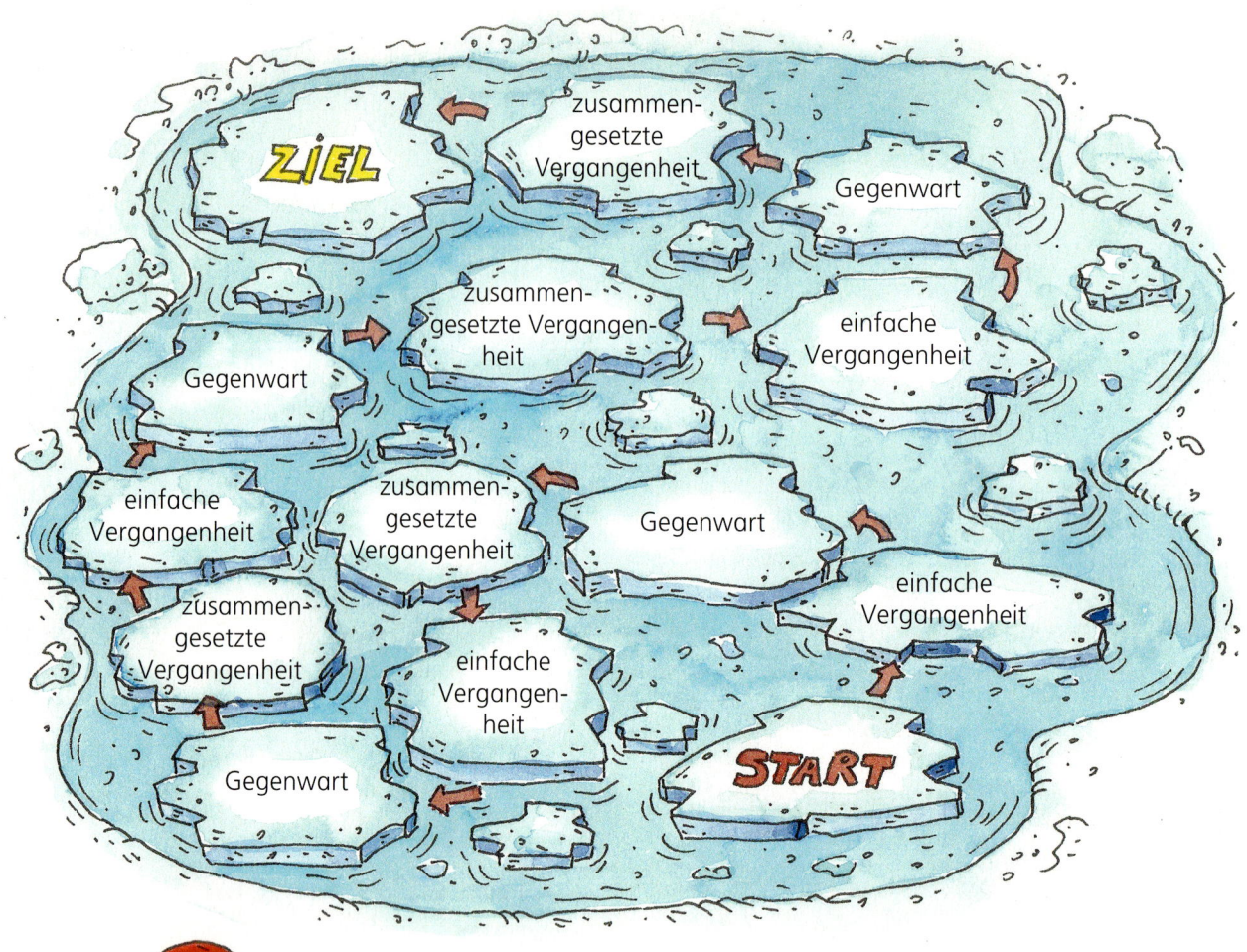

ZIEL

zusammengesetzte Vergangenheit

Gegenwart

zusammengesetzte Vergangenheit

einfache Vergangenheit

Gegenwart

einfache Vergangenheit

zusammengesetzte Vergangenheit

Gegenwart

einfache Vergangenheit

zusammengesetzte Vergangenheit

einfache Vergangenheit

START

Gegenwart

Würfle und setze deine Spielfigur. Ziehe eine Verbkarte und nenne das Verb in der geforderten Zeitform. Verwende die Er-/Sie-/Es-Form. Richtig? Gehe 1 Feld weiter. Falsch? Gehe 1 Feld zurück.

1 Stellt Verbkarten her. 　frieren　rutschen　fahren　zittern

2 Spielt das Spiel. 　sehen　springen
Ihr könnt auch die Spielregeln ändern.

- Zeitformen des Verbs bilden
- Personalformen des Verbs bilden
- Seite 66
- FO: Seite 58–59
- FÖ: Seite 42–44

Eine Mütze voller Schneeflocken

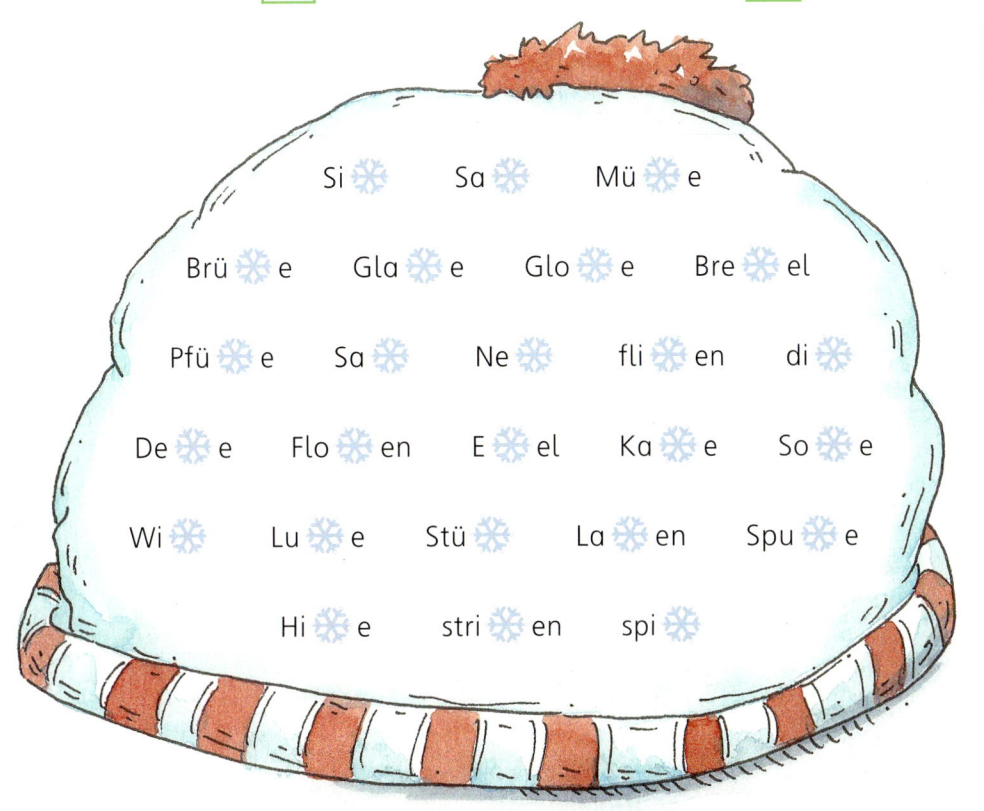

Si❄ Sa❄ Mü❄e

Brü❄e Gla❄e Glo❄e Bre❄el

Pfü❄e Sa❄ Ne❄ fli❄en di❄

De❄e Flo❄en E❄el Ka❄e So❄e

Wi❄ Lu❄e Stü❄ La❄en Spu❄e

Hi❄e stri❄en spi❄

die Glocke
die Katze
die Mütze
erschrecken
flitzen
setzen
stricken
dick

das Feuer
der Frost
das Holz
der Pullover
der Schlitten
der Schnee
anziehen
nachts

1 Lies die Wörter.

2 Schreibe die Wörter mit **ck** und **tz** getrennt auf.

So kalt

Auf den Straßen und Feldern liegt hoher Schnee. Am Tag scheint die Sonne und nachts gibt es Frost. Dann ist der Schnee besonders gut für Schlittenfahrer. Wir setzen die Mützen auf und ziehen dicke Pullover an. Lea setzt sich auf einen Schlitten. Da flitzt Nachbars Katze vorbei. Lea erschreckt sich und fährt mit dem Schlitten in den Bach. Schnell laufen wir zu Omas Haus und läuten die Türglocke. Oma holt eine Decke für Lea und legt neues Holz in den Kamin. Schnell ist Lea wieder warm.

3 Schreibe den Text in der zusammengesetzten Vergangenheit auf. Unterstreiche alle Verbteile.

Guten Morgen, der Frühling ist da

Refrain: Guten Morgen, guten Morgen, der Frühling ist da. Guten Morgen, guten Morgen, ein neues Jahr.

1. Guten Morgen, die Luft ist blau und der Pfau ruft die Pfauenfrau. Guten Morgen, guten Morgen, der Frühling ist da.

Text und Melodie: Jutta Richter

2. Guten Morgen, der Kuckuck ruft.
Guten Morgen, welch Frühlingsduft.
Guten Morgen, guten Morgen,
der Frühling ist da.

3. Guten Morgen, die Sonne scheint.
Guten Morgen, genug geweint.
Guten Morgen, guten Morgen,
der Frühling ist da.

1 Markiere, was in jeder Strophe gleich ist.

2 Kreise in den Strophen die Reimwörter ein.

3 Singt das Lied.

| Sonne – Wonne | Maus – raus | singen – springen | Wetter – netter |
| Duft – Luft | gehen – sehen | hell – schnell | Mai – frei |

4 Denkt euch eigene Strophen zu dem Frühlingslied aus.
Die Reimwörter im Kasten helfen euch.
Singt eure eigenen Strophen.

- Struktur eines Liedes erkennen
- eigene Strophen schreiben
- FO: Seite 60–61

Frühling

Ein Tag im Park

als
weil   obwohl
weil
denn   damit

Alle freuen sich.	Sie hat schon Bauchschmerzen.
Nadja isst ein Eis.	Er fährt auf seinem neuen Fahrrad.
Paul ist stolz.	Lisa verliert beim Fußballspielen einen Schuh.
Melda ist traurig.	Ihr neuer Roller ist kaputt.
Sanel trägt Knieschoner.	Heute scheint seit Langem wieder die Sonne.
Anton lacht laut los.	Er schützt seine Knie.

1 Verbinde immer zwei Sätze, die zusammenpassen, mit einem Bindewort aus der Sonne.

2 Schreibe die verbundenen Sätze auf. Setze vor das Bindewort ein Komma.
Alle freuen sich, weil heute seit Langem wieder die Sonne scheint. …

> Sätze kann man mit einem **Bindewort** verbinden.
> Vor den Bindewörtern **weil, denn, obwohl, als, damit** steht ein Komma.

Annika ist traurig …
Sam sitzt gerade auf der Schaukel …
Theo hat seine Sonnencreme dabei …
Emilia hat immer noch Hunger …

3 Wie könnten diese Sätze weitergehen?
Benutze die Bindewörter von oben.
Denke an das Komma vor dem Bindewort.

- Konjunktionen
- Kommasetzung bei Nebensätzen
- Seite 68
- FO: Seite 60–61
- FÖ: Seite 63–64

Im Garten

Nach dem Abendessen führt Leni ihren Vater stolz zu ihrem kleinen Garten.

1 Schreibe den Satz auf.

2 Finde durch die Umstellprobe die Satzglieder und trenne sie durch Striche ab.

3 Bestimme die Satzglieder mit dem Satzgliedfächer und markiere sie entsprechend.

- Leni / Mama / Strolchi
- bringt / findet / gibt
- heute / am Nachmittag / stundenlang
- aus dem Garten / im Gemüsebeet / nach draußen
- ihrer Freundin / ihrer Tochter / dem Vater
- eine Blume / einen Knochen / eine Limonade
- freudig / mit Vergnügen / schnell

4 Schreibe Sätze mit möglichst vielen Satzgliedern.

5 Markiere die Satzglieder.

6 Lest eure Sätze vor.

- Wiederholung aller Satzglieder
- Seite 68
- FÖ: Seite 60–61
- FÖ: Seite 53
- FÖ: Seite 61

Frühling

Was passt: ss – s – ß?

Gra__ Wa__er gro__ Nu__ Wie__e

Spa__ Na__e na__ Fü__e

Strau__ gie__en Ta__e Ro__e Va__e

Stra__e drau__en mü__en Grü__e

1 Überprüfe, ob der erste Selbstlaut lang oder kurz ist. Schreibe alle Wörter mit kurzem Selbstlaut auf. Was fällt dir auf?

Klingt das **s** wie bei **Straße** oder wie bei **Wiese**?

2 Schreibe alle Wörter mit langem Selbstlaut auf. Beachte Quiesels Tipp. Manche Wörter musst du auch verlängern.

das Gras
der Gruß
die Straße
der Strauß
die Vase
gießen
außerdem
draußen

das Gänseblümchen
das Veilchen
kitzeln
ziehen
angenehm
richtig
bisschen
inzwischen

Ein Strauß für Mama

Seit zwei Wochen ist es draußen wieder wärmer. Inzwischen ist es sogar richtig heiß. Ida will heute zur großen Blumenwiese gehen und einen schönen Strauß für ihre Mama zum Geburtstag pflücken. Sie zieht ihre Schuhe aus und läuft mit nackten Füßen über die Wiese. Das macht Spaß, denn das Gras kitzelt ein bisschen. Ida findet Wiesenschaumkraut, Veilchen und viele Gänseblümchen. Der Strauß duftet angenehm. Zu Hause sucht sie eine passende Vase und schreibt noch eine Grußkarte für Mama. Nun darf sie nicht vergessen, den Strauß zu gießen. Mama hat ja erst morgen Geburtstag.

3 Schreibe alle Wörter mit **ß** heraus. Denke dir zu jedem Wort einen Satz aus.

- stimmhafte und stimmlose Konsonanten unterscheiden
- Abschreibtext (97 Wörter),
- Seite 69
- FÖ: Seite 60–61
- FÖ: Seite 8

It's summer

My eyes can see, it's summer,
It's summer, it's summer.
My eyes can see, it's summer,
The grass is so green!
The green grass, the flowers,
The sunshine and showers.
My eyes can see, it's summer,
And I am so glad.

My ears can hear, it's summer,
It's summer, it's summer.
My ears can hear, it's summer,
The birds sweetly sing!
The birds sing, the lambs blithe,
The frogs croak, the bees buzz.
My ears can hear, it's summer,
And I am so glad!

My body can feel, it's summer,
It's summer, it's summer.
My body can feel, it's summer,
The air is so warm!
The warm air, the breezes,
No frost and no freezes.
My body can feel, it's summer,
And I am so glad.

1 Lest den Liedtext.

2 Welche Bilder passen zu welcher Strophe?
   An welchen Wörtern hast du das erkannt?

3 Erzähle mit eigenen Worten, worum es in dem Lied geht.

4 Legt eine Wörtersammlung zum Thema
   Sommer – summer an.

5 Singt das Lied gemeinsam zu der Melodie
   von **Oh, du lieber Augustin**.

flower – Blume
shine – scheinen
summer – Sommer
beach – Strand

• englischen Liedtext verstehen
• Wörtersammlung in verschiedenen Sprachen
• Seite 71
• FO: Seite 62–63

Sonne überall

	 Sonnenschein	 Sonnenschirm	 Sonnenbrand	 Sonnenuntergang	 Sonnenbrille
	sunshine	sunshade	sunburn	sundown	sunglasses
	soleil	ombrelle	coup de soleil	coucher du soleil	lunettes de soleil
	sole	ombrello da sole	bruciatura di sole	tramonto da sole	occhiali da sole
	sol	sombrilla	quemadura de sol	puesta del sol	gafas de sol
	zonneschijn	zonnescherm	zonnebrand	zonsondergang	zonnebril
	günes ışığı	güneş şemsiyesi	güneş yanığı	güneşin batması	güneş gözlüğü

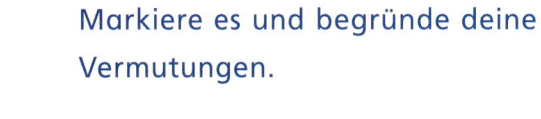

1 Zu welchen Ländern gehören die Flaggen?

2 Welches Wort bedeutet in der jeweiligen Sprache **Sonne**? Markiere es und begründe deine Vermutungen.

3 In welchen Ländern klingen die Wörter ähnlich? Welche klingen anders?

4 Schau dir die zusammengesetzten Nomen genauer an. Was fällt dir auf?

5 Schreibe die Tabelle in dein Heft und ergänze sie.

Sprache	Begriff	Begriff
Deutsch	Sonne	...
Spanisch	...	
Italienisch		
Türkisch		
Niederländisch		
Englisch		
Französisch		

6 Suche auch zu **Ferien, Meer, Sommer, Strand** die passenden Begriffe in anderen Sprachen.

• Wörter aus anderen Sprachen verstehen und sammeln • Seite 71 • FO: Seite 62–63

Endlich Sommer

🚤 legt im Hafen an. Die Segel ⛵ sind eingeholt. Wir geben ⛵ einen Namen. Wir besichtigen ⛵ .

1 Schreibe den Text einmal mit **Schiff**, einmal mit **Kutter** und einmal mit **Jolle**. Denke an die passenden Artikel (Begleiter).

2 Unterstreiche in jedem Satz das eingesetzte Nomen mit Artikel (Begleiter).

> Im **Wer-Fall** kannst du am Artikel (Begleiter) erkennen, ob das Nomen **männlich**, **weiblich** oder **sächlich** ist.

3 Schreibe die Tabelle in dein Heft und ergänze sie.

Fall	männlich	weiblich	sächlich
Wer-oder-was-Fall		die Jolle	
Wessen-Fall			des Schiffes
Wem-Fall			
Wen-Fall	den Kutter		

4 Suche drei weibliche, drei männliche, drei sächliche Nomen und schreibe sie in ihren vier Fällen auf.

☀ scheint. Die Strahlen ☀ berühren das Wasser. ☀ leuchtet wie ein Edelstein. In den Wellen ☀ schaukelt ein Schiff. ☀ ist noch menschenleer. Ein Leuchtturm ist das Wahrzeichen ☀ . Wolken geben ☀ einen Rahmen. ☀ fehlen noch die Strandkörbe. Die Möwen besuchen ☀ . Sie lieben ☀ . Am Abend verschluckt das Meer ☀ . Dann laufen wir ☀ entgegen.

5 Setze die Wörter **Meer**, **Sonne**, **Strand** mit Artikel (Begleiter) im richtigen Fall in den Text ein.

Sommerrätsel

Kennst du die Wortarten?

Sonne ist ein ☐☐☐☐☐, **scheinen** ist ein ☐☐☐☐,
         2   1

hell und **dunkel** sind ☐☐☐☐☐☐☐☐☐, **der, das** und **die** nennt
                              3

man ☐☐☐☐☐☐☐, als ☐☐☐☐☐☐☐☐ bezeichnet man
     17   9

Wörter wie **ich, du, wir** und **sie**.

Kennst du das Verb und seine Zeitformen?

er fliegt: ☐☐☐☐☐☐☐☐☐
              12

er wird fliegen: ☐☐☐☐☐☐☐
                    14

er flog: ☐☐☐☐☐☐ ☐☐☐☐☐☐☐☐☐
           18

er ist geflogen: ☐☐☐☐☐☐☐☐☐☐☐☐
                    8   11
                 ☐☐☐☐☐☐☐☐☐☐

Kennst du das Nomen? Wie heißen seine vier Fälle?

der Ball: ☐☐☐-☐☐☐☐
                 4

des Balles: ☐☐☐ ☐☐☐-☐☐☐☐
                15

dem Ball: ☐☐☐-☐☐☐☐
                10

den Ball: ☐☐☐-☐☐☐☐

Aus welchen beiden Teilen bestehen zusammengesetzte Nomen?

☐☐☐☐☐☐☐☐☐ und ☐☐☐☐☐☐☐☐☐☐☐☐
    19   5   13

Kennst du den Satz?

Am Ende eines Satzes steht ein ☐☐☐☐☐☐☐☐☐☐.
                                    6 7
Die Teile eines Satzes, die man auch umstellen kann,
nennt man ☐☐☐☐☐☐☐☐☐☐.
              16

1 Schreibe alle Lösungswörter in dein Heft.

2 Ordne die markierten Buchstaben zu einem Lösungssatz.

• Wiederholung von Fachbegriffen aus Klasse 4
• FO: Seite 62–63
• FÖ: Seite 71

Fit mit Quiesel 7

Satzglieder

Subjekt | Prädikat | Zeitergänzung | Ergänzung der Art und Weise | Wem-Ergänzung | Wen-Ergänzung | Ortsergänzung

am Samstag · Clemens · aus seinem Blumenkasten · ganz stolz · seiner Mutter · einen Strauß Tulpen · überreicht

1 Wie heißt der Satz, wenn man die Satzglieder in der Reihenfolge wie auf dem Zaun aufschreibt?

2 Schreibe den Satz auf. Unterstreiche die Satzglieder in den Farben des Satzgliedfächers.

Komma vor Bindewörtern

Die Vögel bauen ein Nest.
Die Krokusse keimen schon.
Mutter kauft Blumensamen.
Die Menschen freuen sich.
Quiesel deckt den Salat ab.

Sie will morgen säen.
Es ist sehr kalt.
Die Schnecken sollen ihn nicht fressen.
Bald legen sie Eier.
Sie sehen die Zugvögel.

weil   obwohl
  denn
als   damit

3 Welche Sätze gehören zusammen?
Verbinde sie mit einem passenden Bindewort aus dem Kasten.

4 Schreibe die Sätze auf und setze das Komma an die richtige Stelle.

• Satzglieder bestimmen
• Komma vor Bindewörtern/Nebensätzen
• Seite 68
• FÖ: Seite 53
• FÖ: Seite 63–64

Fit mit Quiesel

Wörter passen sich an

Sturm: Böe, Vogel, Tief
Farbe: Topf, Tube, Spiel
Apfel: Mus, Kuchen, Schale
Regen: Wasser, Jacke, Tropfen
Nebel: Krähe, Scheinwerfer, Wetter
Herbst: Tag, Sonne, Laub

1 Welche zusammengesetzten Wörter findest du zu den Bestimmungswörtern? Schreibe mit Artikel (Begleiter) auf: die Sturmböe, das Sturmtief, …

2 Unterstreiche die Artikel (Begleiter) und Grundwörter.

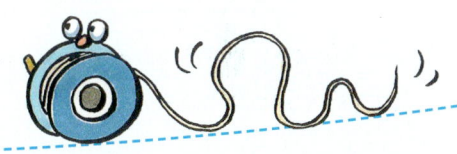

Nomen in den vier Fällen

 liegt den ganzen Tag faul im Schatten der Bäume.

Nur manchmal bewegen sich die Beine  wie im Schlaf.

 gefällt das ruhige Plätzchen auf der Wiese.

Bauer Klaus muss  bestimmt heute Abend nach Hause holen.

> der Hund   die Katze   das Pferd

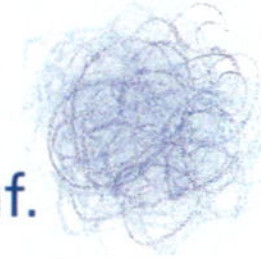

3 Setze ein Nomen aus dem Kasten mit Artikel (Begleiter) in den richtigen Fällen in den Text ein. Schreibe den Text auf.

4 Arbeite auch mit den anderen beiden Nomen wie in Aufgabe 3.

5 Unterstreiche in allen Texten die Nomen im gleichen Fall mit der gleichen Farbe.

• Komposita bilden • Seite 64 • FÖ: Seite 39
• Nomen in den vier Fällen • Seite 70 • FÖ: Seite 36–37

125

Fachbegriffe

Nomen (Substantiv, Namenwort)

Nomen sind **Namen** für Menschen, Tiere, Pflanzen, Dinge, Gedanken, Ideen und Gefühle.

Nomen können in der **Einzahl** (Singular) und in der **Mehrzahl** (Plural) stehen.

Das Nomen kann in **vier Fällen** stehen:

Wer-oder-was-Fall	der Frosch	die Fliege	das Schaf
Wessen-Fall	des Frosches	der Fliege	des Schafes
Wem-Fall	dem Frosch	der Fliege	dem Schaf
Wen-oder-was-Fall	den Frosch	die Fliege	das Schaf

Nomen können einen **Artikel** (Begleiter) haben. Auch der kann sich ändern.

Nomen schreiben wir **groß**.

*Ist das **ein** Frosch?*
*Nein, das sind **mehrere** Frösche!*
***Wer** ist das?*
*Das ist **der** Frosch.*
***Wessen** Zunge ist das?*
*Das ist die Zunge **des Frosches**.*
***Wem** sollten wir aus dem Weg gehen?*
– dem Frosch!
***Wen** würden wir gern einmal richtig ärgern?*
– den Frosch!

Pronomen (Fürwort)

Pronomen können für Nomen stehen.

Wichtige Pronomen sind zum Beispiel:
ich, du, er, sie, es, wir, ihr, sie, mein, dein, euer, mich, dich, uns, mir, dir, ihm, ihr.

Was ist denn passiert?

Sie ist auf seine Nase geflogen. Und dann kam es über die Wiese getrabt, und er ist vor Schreck weggehüpft. Sie musste dann schnell davonfliegen, sonst hätte er sie noch mit seiner Zunge geschnappt.

Ich verstehe nichts! Wie heißen denn die Nomen?

- Nomen
- Artikel
- Pronomen

Fachbegriffe

Verb (Tuwort, Tunwort)

Verben geben an, was jemand **tut** oder was **geschieht**.

Verben zeigen die Zeit an, in der etwas geschieht:
- **Gegenwart**: Ich **fliege**.
- **einfache Vergangenheit**: Ich **flog**.
- **zusammengesetzte Vergangenheit**: Ich **bin geflogen**.
- **Zukunft**: Ich **werde fliegen**.

Verben haben eine **Grundform** und **Personalformen**.
In der Grundform stehen die Verben in der Wörterliste.

Er fliegt.
Er flog.
Er ist geflogen.
Er wird fliegen.

Er **fällt**!
Ich **falle**!
Die Grundform heißt **fallen**.

Adjektiv (Wiewort)

Adjektive geben an, **wie** etwas ist.

Mit Adjektiven kann man vergleichen:
- **Grundform** (Grundstufe): schnell
- **1. Vergleichsstufe** (Vergleichsform): schneller
- **2. Vergleichsstufe** (Vergleichsform): am schnellsten

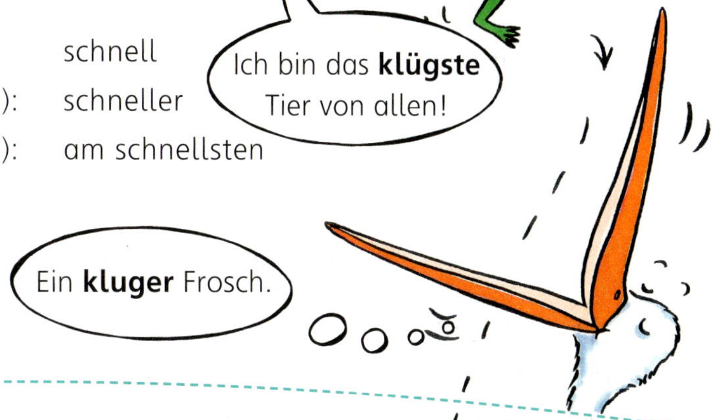

Ich bin **klug**.
Ich bin das **klügste** Tier von allen!
Ich bin **klüger**.
Ein **kluger** Frosch.

Wortfamilie

Wörter mit demselben **Wortstamm** gehören zu einer **Wortfamilie**:
fliegen, **Flieg**er, ver**flieg**en, …

- Verb
- Adjektiv
- Wortfamilie

Satzglieder

Satzglieder sind Teile eines Satzes. Man kann sie durch **Umstellen** erkennen.

Der Storch	stolziert	über die Wiese.
Stolziert	der Storch	über die Wiese?
Über die Wiese	stolziert	der Storch.

Subjekt und Prädikat sind wichtige Satzglieder.
Sie können mit **Ergänzungen** (Objekten) erweitert werden.

Subjekt (Satzgegenstand)
Das Subjekt erkennt man durch die Frage: **Wer oder was …?**

Wer stolziert über die Wiese? — *Der Storch stolziert über die Wiese.*

Prädikat (Satzkern)
Das Prädikat erkennt man durch die Frage: **Was tut / tun …?**

Was tut der Storch? — *Er stolziert.*

Wem-Ergänzung (Dativ-Objekt)
Die Wem-Ergänzung erkennt man durch die Frage: **Wem …?**

Wem begegnet der Storch? — *dem Schaf*

Wen-oder-was-Ergänzung (Akkusativ-Objekt)
Die Wen-Ergänzung erkennt man durch die Frage: **Wen oder was …?**

Wen möchte der Storch treffen? — *den Frosch*

Ortsergänzung (Ortsangabe)
Die Ortsergänzung erkennt man durch die Fragen: **Wo …? Woher …? Wohin …?**

Wohin geht der Storch? — *zum Bach*

Zeitergänzung (Zeitangabe)
Die Zeitergänzung erkennt man durch die Fragen: **Wann …? Wie oft …? Seit wann …? Wie lange …?**

Wie lange ist der Storch schon unterwegs? — *eine Stunde*

Ergänzung der Art und Weise
Die Ergänzung der Art und Weise erkennt man durch die Fragen: **Wie …? Wie viel …? Womit …?**

Womit klappert der Storch? — *mit seinem Schnabel*

Wörtliche Rede

Am Anfang und am Ende der wörtlichen Rede stehen **Anführungszeichen**.

Im **Begleitsatz** steht, wer spricht und wie gesprochen wird.

Steht der **Begleitsatz vor der wörtlichen Rede**, werden die Satzzeichen so gesetzt:

Begleitsatz	:	„	wörtliche Rede (Aussage)	.	"
Begleitsatz	:	„	wörtliche Rede (Ausruf oder Aufforderung)	!	"
Begleitsatz	:	„	wörtliche Rede (Frage)	?	"

Das Schaf fragte:
„Bist du der Wolf?"
Der Wolf antwortete:
„Nein, ich bin der Hase."
Der Frosch quakte laut:
„Lauf weg!"

Steht der **Begleitsatz nach der wörtlichen Rede**, werden die Satzzeichen so gesetzt:

„	wörtliche Rede (Aussage)		"	,	Begleitsatz	.
„	wörtliche Rede (Ausruf oder Aufforderung)	!	"	,	Begleitsatz	.
„	wörtliche Rede (Frage)	?	"	,	Begleitsatz	.

„Bist du der Wolf?",
fragte das Schaf.
„Nein, ich bin der Hase",
antwortete der Wolf.
„Lauf weg!",
quakte der Frosch laut.

Großschreibung

Nomen werden großgeschrieben.
Satzanfänge werden großgeschrieben.

In Briefen wird die **Höflichkeitsanrede** großgeschrieben.

Lieber Herr Frosch,
ich möchte Sie ganz herzlich zu einem leckeren Abendessen am Freitag einladen. Zu dem Essen dürfen Sie auch gern Ihre Freunde mitbringen.

Viele Grüße
Ihr Storch

Wörterliste

A

abends
der **Abfall**, die Abfälle
der **Abschied**, die Abschiede
abstatten, er stattet ab,
   er stattete ab,
   er hat abgestattet
achtlos, achtloser,
   am achtlosesten
ähnlich, ähnlicher,
   am ähnlichsten
alle, alles
anfertigen, sie fertigt an,
   sie fertigte an,
   sie hat angefertigt
angenehm, angenehmer,
   am angenehmsten
ängstlich, ängstlicher,
   am ängstlichsten
annehmen, er nimmt an, er
   nahm an, er hat angenommen
anziehen, sie zieht an,
   sie zog an, sie hat angezogen
der **Äquator**
aufregend, aufregender,
   am aufregendsten
aufstellen, er stellt auf,
   er stellte auf,
   er hat aufgestellt
außerdem
aussuchen, sie sucht aus,
   sie suchte aus,
   sie hat ausgesucht

B

baden, er badet, er badete,
   er hat gebadet
der **Ball**, die Bälle
der **Bär**, die Bären
basteln, er bastelt, er bastelte,
   er hat gebastelt
bauen, sie baut, sie baute,
   sie hat gebaut
bekommen, er bekommt,
   er bekam, er hat bekommen
die **Beobachtung**,
   die Beobachtungen
beschützt
bestehen, sie besteht,
   sie bestand, sie hat bestanden
bestimmt
bisschen
das **Blatt**, die Blätter
der **Bordstein**, die Bordsteine
böse, böser, am bösesten
braten, er brät, er briet,
   er hat gebraten
bringen, sie bring, sie brachte,
   sie hat gebracht
die **Burg**, die Burgen

C

der **Clown**, die Clowns
der **Comic**, die Comics
der **Computer**, die Computer

D

der **Dachs**, die Dachse
die **Dämmerung**
dann
davon
deshalb
Deutschland
dick, dicker, am dicksten
dienen, es dient, es diente,
   es hat gedient
draußen
das **Drehbuch**, die Drehbücher
die **Dunkelheit**

Wörterliste

E

der **Effekt**, die Effekte
die **Eidechse**, die Eidechsen
  einfärben, sie färbst ein, sie färbte ein, sie hat eingefärbt
der **Einwohner**, die Einwohner
die **Eltern**
  englisch
  entfachen, er entfacht, er entfachte, er hat entfacht
  entfernen, sie entfernt, sie entfernte, sie hat entfernt
  entscheiden, er entscheidet, er entschied, er hat entschieden
die **Entschuldigung**, die Entschuldigungen
die **Erfindung**, die Erfindungen
der **Erfolg**, die Erfolge
die **Erkenntnis**, die Erkenntnisse
das **Erlebnis**, die Erlebnisse
  erschrecken, sie erschreckt, sie erschreckte, sie hat erschreckt
der **Erwachsene**, die Erwachsenen
  erzählen, er erzählt, er erzählte, er hat erzählt
das **Experiment**, die Experimente

F

die **Familie**, die Familien
die **Fee**, die Feen
  feiern, sie feiert, sie feierte, sie hat gefeiert
das **Feld**, die Felder
  fern
das **Feuer**, die Feuer
  finden, sie findet, sie fand, sie hat gefunden
  flitzen, er flitzt, er flitzte, er ist geflitzt
  fremd, fremder, am fremdesten
der **Freund**, die Freunde
die **Freundschaft**, die Freundschaften
der **Frontreflektor**, die Frontreflektoren
der **Frost**
der **Fuchs**, die Füchse
  fühlen, sie fühlt, sie fühlte, sie hat gefühlt
der **Fuß**, die Füße

G

der **Gang**, die Gänge
das **Gänseblümchen**, die Gänseblümchen
  ganz
der **Gast**, die Gäste
das **Gebäude**, die Gebäude
  geben, sie gibt, sie gab, sie hat gegeben
das **Gebiet**, die Gebiete
  gefährlich, gefährlicher, am gefährlichsten
  gehen, er geht, er ging, er ist gegangen
  gemütlich, gemütlicher, am gemütlichsten
  genießen, sie genießt, sie genoss, sie hat genossen
das **Gerät**, die Geräte
das **Geräusch**, die Geräusche
das **Geschenk**, die Geschenke
das **Gewächs**, die Gewächse
  gewinnen, sie gewinnt, sie gewann, sie hat gewonnen
sich **gewöhnen**, er gewöhnt sich, er gewöhnte sich, er hat sich gewöhnt
  gießen, sie gießt, sie goss, sie hat gegossen
das **Glas**, die Gläser
die **Glocke**, die Glocken

das **Grab**, die Gräber
das **Gras**, die Gräser
    groß, größer, am größten
    Großbritannien
der **Großvater**, die Großväter
der **Gruß**, die Grüße

H

    haben, er hat, er hatte,
        er hat gehabt
der **Hai**, die Haie
die **Hand**, die Hände
die **Handlung**, die Handlungen
    hängen, es hängt, es hing,
        es hat gehangen
    heiß, heißer, am heißesten
die **Helligkeit**
der **Helm**, die Helme
    herbstlich
der **Herd**, die Herde
der **Herr**, die Herren
    herrlich, herrlicher,
        am herrlichsten
die **Hilfe**
    hinterher
    hohl, hohler, am hohlsten
das **Holz**, die Hölzer

I

die **Idee**, die Ideen
    ihm
    ihre
die **Illustration**, die Illustrationen
    interessant, interessanter,
        am interessantesten
    inzwischen
der **Irrtum**, die Irrtümer

J

    jetzt

K

der **Kaffee**
der **Kaiser**, die Kaiser
    kämmen, er kämmt,
        er kämmte, er hat gekämmt
die **Katze**, die Katzen
    kennen, sie kennt, sie kannte,
        sie hat gekannt
das **Kino**, die Kinos
    kitzeln, es kitzelt, es kitzelte,
        es hat gekitzelt
das **Klavier**, die Klaviere
    kleben, er klebt, er klebte,
        er hat geklebt
der **Klecks**, die Kleckse
der **Klee**
    klettern, sie klettert, sie
        kletterte, sie ist geklettert
das **Klima**
die **Klingel**, die Klingeln
    klug, klüger, am klügsten
der **Kobold**, die Kobolde
    kochen, er kocht, er kochte,
        er hat gekocht
der **Kolibri**, die Kolibris
der **Kreis**, die Kreise
    kündigen, sie kündigt,
        sie kündigte,
        sie hat gekündigt
die **Kurve**, die Kurven

L

der **Laich**
    laichen, er laicht, er laichte,
        er hat gelaicht
der **Laie**, die Laien
    laufen, sie läuft, sie lief,
        sie ist gelaufen

Wörterliste

der **Lehm**
    leihen, er leiht, er lieh, er hat geliehen
    lesen, sie liest, sie las, sie hat gelesen
die **Liege**, die Liegen
    liegen, es liegt, es lag, es hat gelegen
das **Lob**
der **Luchs**, die Luchse

M

das **Mädchen**, die Mädchen
    Mai
der **Mais**
der **Mann**, die Männer
die **Mannschaft**, die Mannschaften
das **Märchen**, die Märchen
die **Maschine**, die Maschinen
die **Matte**, die Matten
das **Moos**, die Moose
die **Mühe**, die Mühen
die **Mühle**, die Mühlen
    müssen, sie muss, sie musste, sie hat gemusst
die **Mütze**, die Mützen

N

    nachts
    näher
    nämlich
    nehmen, er nimmt, er nahm, er hat genommen
der **Nektar**, die Nektare
    notieren, sie notiert, sie notierte, sie hat notiert
die **Nummer**, die Nummern

O

der **Ochse**, die Ochsen
    ohne

P

    packen, er packt, er packte, er hat gepackt
die **Party**, die Partys
die **Pfanne**, die Pfannen
die **Pfeife**, die Pfeifen
das **Plakat**, die Plakate
die **Pointe**, die Pointen
die **Pracht**
das **Problem**, die Probleme
die **Prüfung**, die Prüfungen
das **Publikum**
der **Pullover**, die Pullover

R

    recherchieren, sie recherchiert, sie recherchierte, sie hat recherchiert
der **Reifen**, die Reifen
die **Reihe**, die Reihen
die **Requisiten**
    richtig
die **Röhre**, die Röhren
die **Ruhe**
    rund
die **Rüstung**, die Rüstungen

S

der **Saal**, die Säle
    sägen, er sägt, er sägte, er hat gesägt
die **Saite**, die Saiten
    sammeln, sie sammelt, sie sammelte, sie hat gesammelt
der **Schild**, die Schilde
der **Schirm**, die Schirme
    schlafen, er schläft, er schlief, er hat geschlafen
der **Schlitten**, die Schlitten

der **Schluss**, die Schlüsse
   schmecken, es schmeckt,
     es schmeckte,
     es hat geschmeckt
der **Schmutz**
   schmutzig, schmutziger,
     am schmutzigsten
der **Schnee**
   schnell, schneller,
     am schnellsten
der **Schuh**, die Schuhe
der **Schutz**
   schützen, es schützt,
     es schützte, es hat geschützt
der **Schützling**, die Schützlinge
   schutzlos, schutzloser,
     am schutzlosesten
das **Schwert**, die Schwerter
   schwimmen, sie schwimmt,
     sie schwamm,
     sie ist geschwommen
   sehen, er sieht, er sah,
     er hat gesehen
   sehr
   sein, es ist, es war,
     es ist gewesen
sich **setzen**, sie setzt sich,
     sie setzte sich,
     sie hat sich gesetzt
die **Signatur**, die Signaturen
die **Skizze**, die Skizzen
die **Sonne**
   sonnig, sonniger,
     am sonnigsten
die **Spange**, die Spangen
   spannend, spannender,
     am spannendsten
der **Spaß**, die Späße
   spät, später, am spätesten
   später

   spazieren, er spaziert,
     er spazierte, er ist spaziert
das **Spiel**, die Spiele
   spielen, sie spielt, sie spielte,
     sie hat gespielt
   sprechen, er spricht, er sprach,
     er hat gesprochen
die **Staffel**, die Staffeln
   starten, es startet, es startete,
     es ist gestartet
   stehen, sie steht, sie stand,
     sie hat gestanden
der **Stift**, die Stifte
die **Straße**, die Straßen
der **Strauß**, die Sträuße
   streiten, sie streitet, sie
     streitete, sie hat gestritten
   stricken, er strickt, er strickte,
     er hat gestrickt
der **Stuhl**, die Stühle
die **Szene**, die Szenen

T

die **Tante**, die Tanten
das **Tennis**
der **Text**, die Texte
der **Tipp**, die Tipps
die **Tour**, die Touren
   tricksen, sie trickst, sie trickste,
     sie hat getrickst
   tropisch
die **Turnhalle**, die Turnhallen

U

   überall
   überraschend, überraschender,
     am überraschendsten
   unkontrolliert
der **Unterricht**
der **Urlaub**, die Urlaube

Wörterliste

V

der **Vampir**, die Vampire
die **Vase**, die Vasen
das **Veilchen**, die Veilchen
das **Ventil**, die Ventile
die **Veränderung**,
    die Veränderungen
die **Verbrennung**,
    die Verbrennungen
  verfolgen, er verfolgt,
    er verfolgte, er hat verfolgt
das **Verhältnis**, die Verhältnisse
der **Verkehr**
der **Verlag**, die Verlage
  verlieren, sie verliert,
    sie verlor, sie hat verloren
  verraten, er verrät, er verriet,
    er hat verraten
  verschmutzen, sie verschmutzt,
    sie verschmutzte,
    sie hat verschmutzt
  viel, mehr, am meisten
  vier
  voll, voller, am vollsten
die **Vorführung**, die Vorführungen
  vorher
  vorsichtig, vorsichtiger,
    am vorsichtigsten
der **Vulkan**, die Vulkane

W

die **Waage**, die Waagen
  wachsen, es wächst, es wuchs,
    es ist gewachsen
  wählen, er wählt, er wählte,
    er hat gewählt
  während
die **Waise**, die Waisen
die **Wanne**, die Wannen
  wärmen, es wärmt, es wärmte,
    es hat gewärmt
  wechseln, sie wechselt,
    sie wechselte,
    sie hat gewechselt
  weg
der **Weg**, die Wege
  weggehen, er geht weg,
    er ging weg,
    er ist weggegangen
  weiß
  werden, es wird, es wurde,
    es ist geworden
  werfen, er wirft, er warf,
    er hat geworfen
der **Wicht**, die Wichte
der **Wind**, die Winde
  wohnen, sie wohnt,
    sie wohnte, sie hat gewohnt
  wollen, er will, er wollte,
    er hat gewollt
die **Wurzel**, die Wurzeln
  würzig, würziger,
    am würzigsten

Z

die **Zahl**, die Zahlen
  zahlreich, zahlreicher,
    am zahlreichsten
der **Zahn**, die Zähne
der **Zentimeter**, die Zentimeter
  ziehen, er zieht, er zog,
    er hat gezogen
  zuerst
  zufrieden, zufriedener,
    am zufriedensten
der **Zug**, die Züge
  zurück
  zusammen

Lernziele

	Mündlicher Sprachgebrauch	Schriftlicher Sprachgebrauch
Mein Sprachbuch Seite 4–5	Kennenlernen des Sprachbuchs **4 f.**; Orientierung auf den Seiten üben **4 f.**; spielerische Fragen zu Illustrationen und Inhalten beantworten **4 f.**	
Sprachen verstehen Seite 6–11	über andere Länder und Sprachen sprechen **6 ff.**; Wörter/Sätze in anderen Sprachen erkennen und aus dem Kontext verstehen **6 ff.**; Sprachprobleme reflektieren **6 ff.**	Wandzeitung zu einem Land herstellen/gestalten **8**
Der Ball ist rund Seite 12–19	über verschiedene Sportarten berichten **12**; Beschreibung eines Balles **12**; Ballsportart vorstellen, Regeln erklären **13**; Vortrag gestalten **13**	Bericht zu einer Fußball-Bildergeschichte schreiben **14 f.**; Kriterien für einen Bericht beachten **14 f.**; Schreibkonferenz durchführen **15**
Fit mit Quiesel 1 Seite 20–21		
Feuer und Flamme Seite 22–27	Ursprung und Wirkung des Feuers erklären **22 f.**; Umgang mit Feuer reflektieren **23**; Experiment durchführen **24**	Plakat gestalten **23**; Versuchsprotokoll formulieren **24**
Feen, Elfen und Kobolde Seite 28–33	zu einem Bild erzählen **28**; Bild beschreiben **28**; fantastische Figur auswählen und dazu erzählen **29**	Ideen-Blitze für eine eigenen Geschichte sammeln **30**; Fantasiegeschichte planen und schreiben **30**

Lernziele

Sprache untersuchen	Rechtschreiben/Arbeitstechniken
Wiederholung der Wortarten (Nomen, Verben, Adjektive, Artikel) **9**	Komposita mit Auslautverhärtung **11** **Arbeitstechnik:** – Fehler finden mit der Quiesel-Karte **10** **In allen Kapiteln:** – Üben der Übungswörter (Wörterkasten) – Abschreibtext zur Grundwortschatzarbeit
Wiederholung von Satzgliedern (Subjekt, Prädikat) **16**; Wortstamm und Wortfamilien **17**	Vokallänge prüfen **18**; Wörter mit Doppelkonsonanz **18** **Arbeitstechnik:** Wörter üben mit der Profikarte **19**
Wiederholung: Nomen erkennen **20**; Satzglieder erkennen (Subjekt und Prädikat) **20**	**Wiederholung:** Komposita mit Auslautverhärtung **21**; Wörter mit Doppelkonsonanz **21**
Zeitformen von Verben (Präsens, Präteritum, Perfekt) **25**	Nomen mit Wortbausteinen (-heit, -keit, -ung, -nis, -schaft, -tum) **26**; Pluralform bei Nomen mit -nis **26**; Wörter in Silben gliedern **27**
Wiederholung der Ortsergänzung und Zeitergänzung **31**; wörtliche Rede mit vorangestelltem Begleitsatz **32**	Zeichensetzung bei der wörtlichen Rede mit vorangestelltem Begleitsatz **32**; Wörter mit s und ß **33**; stimmhaften und stimmlosen s-Laut unterscheiden **33**

	Mündlicher Sprachgebrauch	Schriftlicher Sprachgebrauch
Fit mit Quiesel 2 Seite 34–35		
Rund ums Buch Seite 36–41	einem Bild Informationen entnehmen **36 f.**; Vorgehen in einer Bücherei erklären **36**; Fachbegriffe kennenlernen und erklären **37**	Kriterien für Einleitung, Hauptteil, Schluss kennen **38**; eigenen Hauptteil schreiben **38**; Geschichte gestalten (Schrift, Papier, Illustration) **38**
Freundschaft Seite 42–49	Streitsituationen benennen **42 f.**; Ideen für eine Streitschlichtung/Wiedergutmachung entwickeln **42 ff.**; Funktion eines Streitschlichters reflektieren **43 ff.**; Streitschlichterprogramm kennenlernen **43 ff.**	Vertrag zur Streitschlichtung formulieren **45**; Merkmale eines Vertrags erklären **45**; Text gestalten **45**
Fit mit Quiesel 3 Seite 50–51		
Film ab! Seite 52–59	zum Bild erzählen **52 f.**; von einem Bild auf den Inhalt schließen **52**; eigene Meinung begründen **52**; Szenen entwickeln **53**; Ideen für eigene Szenen sammeln **54 f.**; darstellendes Spiel planen und durchführen **54 f.**	Ideen für ein Drehbuch/eine Aufführung sammeln und roten Faden der Geschichte planen **54 f.**; Drehbuch schreiben und umsetzen **55**
In der Ritterzeit Seite 60–65	Fachbegriffe der Burganlage und der Ritterzeit kennen **60 f.**; Bedeutung und Herkunft von Redensarten erklären **64**	Erlebnisgeschichte nach einem Bildimpuls schreiben **62**; Geschichte in einer Schreibkonferenz überarbeiten **62**
Fit mit Quiesel 4 Seite 66–67		

Lernziele

Sprache untersuchen	Rechtschreiben/Arbeitstechniken
Wiederholung: Zeitformen von Verben (Präsens, Präteritum) **34**	**Wiederholung:** Nomen mit Wortbausteinen (-heit, -keit, -ung, -nis, -schaft, -tum) **34**; Zeichensetzung bei der wörtlichen Rede mit vorangestelltem Begleitsatz **35**; Wörter mit s und ß schreiben **35**
Satzglieder erkennen **39**; Funktion des Akkusativobjekts kennenlernen **39**	Wörter mit silbentrennendem h schreiben **40**; Merkwörter mit cks schreiben **41**
wörtliche Rede mit nachgestelltem Begleitsatz **48**	Wörter nachschlagen (Grundform, Komposita, ähnlich klingende Anlaute) **46 f.**; Zeichensetzung bei der wörtlichen Rede mit nachgestelltem Begleitsatz **48**; Verben mit vorangestellten Wortbausteinen **49**
Wiederholung: Akkusativobjekt erkennen **50**	**Wiederholung:** Wörter mit silbentrennendem h schreiben **50**; Zeichensetzung bei der wörtlichen Rede mit voran- und nachgestelltem Begleitsatz **51**; Verben mit vorangestellten Wortbausteinen **51**
Satzglieder erkennen **56**; Funktion des Dativobjekts kennenlernen **56**	Wörter mit Auslautverhärtung **57**; Wörter mit ä/e und äu/eu schreiben **58**; Merkwörter mit unmarkiertem langem i schreiben **59**
Funktion des Futur I kennenlernen **63**; Zeitformen von Verben (Futur I) bilden **63**; Personalformen von werden **63**; Redensarten aus der Ritterzeit erklären **64**	Merkwörter mit ä schreiben **65**
Wiederholung: Dativobjekt erkennen **66**; Zeitformen von Verben (Futur I) bilden **67**	**Wiederholung:** Wörter mit ä/e und äu/eu schreiben **66**; Merkwörter mit unmarkiertem langem i schreiben **67**

	Mündlicher Sprachgebrauch	**Schriftlicher Sprachgebrauch**
Kinder der Welt **Seite 68–73**	Leben, Schule und Spiele von Kindern in verschiedenen Ländern beschreiben **68 f.**; Parallelen zum eigenen Leben ziehen **68 f.**; Informationen einholen **68**; Argumente finden **69**; Diskussion führen und Diskussionsregeln beachten **69**	Plakat gestalten **69**; Bastelanleitung zu einem Spielzeug aufschreiben **70**
Im Urwald **Seite 74–81**	Lebensräume beschreiben und erklären **74 f.**; Lebensräume vergleichen **74**; Tier beschreiben **75**; Referat gestalten und halten **77**; Medien nutzen **77**; Fachbegriffe ihre Bedeutungen erklären **78**	Informationen markieren und Stichworte formulieren **76 f.**; Oberbegriffe finden **76 f.**; Referat zu einem Urwaldtier vorbereiten **77**
Fit mit Quiesel 5 **Seite 82–83**		
Bilder lesen **Seite 84–89**	Merkmale eines Comics kennenlernen **84**; Comics lesen und verstehen (Geräusche, Bewegungen, Lautstärke, Gedanken) **85**; Comics vergleichen **85**	Schreiben zu einem Kunstwerk **86**
Selten so gelacht **Seite 90–97**	Struktur einer lustigen Geschichte verstehen und erklären **90**; lustige Geschichte erzählen: Mittel des sprachlichen Ausdrucks nutzen **91**; Vortrag proben und gestalten **91**	Pointe/Schluss der Geschichte erfinden **92**; Geschichte mit einer Pointe schreiben **92**; Text überarbeiten und gestalten **93**
Fit mit Quiesel 6 **Seite 98–99**		
Rad fahren **Seite 100–105**	Bild beschreiben **100**; Situationen einschätzen **100**; Wege beschreiben **101 f.**	Kriterien einer Wegbeschreibung kennenlernen und anwenden **102**; Wegbeschreibung aus einer Karte übernehmen und aufschreiben **102**

Lernziele

Sprache untersuchen	Rechtschreiben/Arbeitstechniken
Korrekturzeichen kennen und anwenden **71** **Wiederholung:** Satzglieder erkennen und einsetzen (Subjekt, Prädikat, Dativobjekt, Akkusativobjekt) **72**	Fehler in einem Text finden **71**; Wörter mit chs schreiben **73**
Abkürzungen in Texten kennen und verstehen **78**; Nomen in den vier Fällen bestimmen **79**; Vergleichsstufen von Adjektiven **80**	Merkwörter mit Dehnungs-h schreiben **81**
Wiederholung: Satzglieder erkennen (Subjekt, Prädikat, Dativobjekt, Akkusativobjekt) **82**; Nomen in den vier Fällen bestimmen **83**	**Wiederholung:** Wörter mit chs schreiben **82**; Merkwörter mit Dehnungs-h schreiben **83**
Dativ und Akkusativ bei der Ortsergänzung **87**; Adjektivkomposita **88**	Komma bei Aufzählungen **89** **Wiederholung:** Fehler finden mit der Quiesel-Karte **88**
unfeste Zusammensetzungen bei Verben (Verb und Partikel) **94**; Satzglieder erkennen **95**; Funktion der adverbialen Bestimmung der Art und Weise kennenlernen **95**; Nomen nach Oberbegriffen sortieren **96**	Merkwörter mit ai schreiben **97** **Wiederholung:** Vokallänge prüfen **96**; Doppellaute als Sonderform **96**
Wiederholung: Dativ und Akkusativ bei der Ortsergänzung **98**; Nomen nach Oberbegriffen sortieren **99**	**Wiederholung:** Komma bei Aufzählungen **98**; Merkwörter mit ai schreiben **99**
Pronomen in verschiedenen Fällen **104** **Wiederholung:** Zeitformen von Verben (Präsens, Perfekt, Futur I) **103**	Merkwörter mit V/v schreiben **105**; unterschiedliche Lautqualität bei gleicher Schreibung erkennen **105**

	Mündlicher Sprachgebrauch	Schriftlicher Sprachgebrauch
Durch das Jahr Seite 106–123	Tiere im Jahreszyklus **106 f.**	Gedicht aufschreiben und gestalten **106 f.**
	Herbst: Gedicht vortragen und mündlich gestalten (Pausen und Betonung) **108**	Sinnesgarten-Gedicht schreiben **109**; Text gestalten und präsentieren **109**
	Winter: Gedicht vortragen und mündlich gestalten (Betonung und Bewegung) **112**	Wortfeld für ein Gedicht erarbeiten und nutzen **113**; Schneeballgedicht schreiben **113**; Einladung schreiben **113**
	Frühling: Struktur eines Liedes erkennen **116**; Lied singen **116**	eigene Strophen zu einem Frühlingslied dichten **116**
	Sommer: Aussage des Liedes mit Bildern vergleichen und zuordnen **120**; Lied singen **120**; Phänomene und Strukturen unterschiedlicher Sprachen vergleichen **121**	Wörtersammlung mit deutschen und englischen Wörtern anlegen **120**; Tabelle anlegen und Wörter vergleichen **121**
Fit mit Quiesel 7 Seite 124–125		

Lernziele

Sprache untersuchen	Rechtschreiben/Arbeitstechniken
Komposita bilden **110**; Grund- und Bestimmungswort erkennen **110**; Wortfamilien mit tz **111**	Wörter mit tz schreiben **111**
Wortfeld erarbeiten: Winter **113** **Wiederholung:** Zeitformen von Verben (Präsens, Präteritum, Perfekt) **114**	Großschreibung der Höflichkeitsanrede im Brief **113**; Wörter mit tz und ck schreiben **115**
Funktion von Konjunktionen kennenlernen **117** **Wiederholung:** Satzglieder erkennen **118**	Komma vor dem Nebensatz **117** **Wiederholung:** Wörter mit ss, s, ß **119**
deutsche und englische Wörter vergleichen **120**; Geschlecht von Nomen bestimmen **122** **Wiederholung:** Nomen in den vier Fällen **122**	**Wiederholung:** Fachbegriffe und Regeln
Wiederholung: Satzglieder erkennen **124**; Komposita bilden **125**; Grund- und Bestimmungswort bestimmen **125**; Nomen in den vier Fällen **125**	**Wiederholung:** Komma vor dem Nebensatz **124**

BAUSTEINE Sprachbuch 4

Erarbeitet von
Björn Bauch, Kirsten Bruhn, Ulrike Dirzus, Gabriele Hinze, Alexandra Isack und Hans-Peter Schmidt

Auf der Grundlage von Bausteine Sprachbuch 4
Erarbeitet von Björn Bauch, Ulrike Dirzus, Matthias Greven, Gabriele Hinze, Susan Krull, Luitgard Schell und Hans-Peter Schmidt

Illustriert von
Nicole Bonzelius, Dr. Barbara Freundlieb, Melanie Garanin, Anke Rauschenbach und Kathrin Wolff

Abbildungsnachweis
S. 12/13: © Marcus Cross/Fotolia.com (Jonglierbälle); © Yang MingQi/Fotolia.com (Volleyball); © Gera/Fotolia.com (Tischtennisball); © Feng Yu/Fotolia.com (Tennisball); © Birgit Reitz-Hofmann/panthermedia.net (Rugby-Ei); © simonkr/Fotolia.com (Gymnastikball); © gajatz/Fotolia.com (Völkerball); iStockphoto (Wasserball); © Infomages/Fotolia.com (Basketball); © Dusty Cline/Fotolia.com (Football); © Sly/Fotolia.com (Baseball); © Michael Flippo/Fotolia.com (Cricket-Ball); © Dusty Cline/Fotolia.com (Fußball); © Simon Coste/Fotolia.com (Handball); © DeVIce/Fotolia.com (Golfball); © Robert Pernell/Fotolia.com (Gymnastikball); © Paul Liu/Fotolia.com (Squashball); S. 22: James A. Sugar/Das Fotoarchiv (Vulkan); picture-alliance/dpa (Blitz, Waldbrand); OKAPIA KG, Germany (Lava); S. 23: picture-alliance/chromorange (Feuer); picture-alliance/Godong (Kochstelle); © RiveGauchePhoto/Fotolia.com (Kerze); SSPL via Getty Images (Öllampe); S. 28/29: nialat/Fotolia.com; S. 68: Tim Gainey/Alamy (Indien); © B&C Alexander/ArcticPhoto (Nunavut); DK Images (Perú); Eric Nathan/Alamy (Südafrika); S. 69: Bill Bachman/Alamy (Australien); J.L. Menaud, aus: Martine und Caroline Laffon: Kinder in den Kulturen der Welt, Gerstenberg Verlag, Hildesheim (Niger), Images & Stories/Alamy (Afghanistan); Webistan, aus: Martine und Caroline Laffon: Kinder in den Kulturen der Welt, Gerstenberg Verlag, Hildesheim (Mongolei); S. 74/75: blickwinkel/S. Sailer/A. Sailer (Dschungel); © flugzeugfan/Fotolia.com (Flusspferd); © Jens Hilberger/Fotolia.com (Ara); © Claudia Paulussen/Fotolia.com (Leguan); daveamsler/iStockphoto (Kapuzineräffchen); ribawaja/iStockphoto (Tukan); picture-alliance/OKAPIA KG, Germany (Ameisenbär); Juniors Bildarchiv (Tapir); blickwinkel/C. Huetter (Löwenkopfäffchen); blickwinkel/S. Rocker (Urwald-Indianer); WILDLIFE (Kaiman); OKAPIA KG, Germany (Anakonda); vario images (Inkabaum/Lapacho); S. 76: picture-alliance/dpa (Frosch); picture-alliance/OKAPIA KG, Germany (Bromelie); S. 77: picture-alliance/dpa (Dschungel, Frosch); picture-alliance/OKAPIA KG, Germany (Frosch, grün); picture-alliance/united-archives/mcphoto (Frosch, rot); S. 78: picture-alliance/OKAPIA KG, Germany; S. 79/80: picture-alliance/united-archives/mcphoto; S. 86: Miró, Joan: Carnival of Harlequin, 1924/25 © Successió Miró/VG Bild-Kunst, Bonn 2010/akg-images/Nimatallah; S. 106: picture-alliance/dpa (o.l.); picture-alliance/ZB (o.r., u.l.); vario images (u.r.); S. 107: picture-alliance/dpa (o.l., u.r.); picture-alliance/OKAPIA KG, Germany (o.r.); Rainer Martini/LOOK-foto (u.l.); S. 108: itie8/iStockphoto

Quellennachweis
S. 106/107: Peter Hacks: Die Blätter an meinem Kalender. aus: Peter Hacks: Der Flohmarkt. © Eulenspiegel Verlag Berlin; S. 108: Wilhelm Busch: Im Herbst (gekürzt). aus: Zu guter Letzt. Historisch-kritische Gesamtausgabe in vier Bänden, Band 4. Emil Vollmer Verlag, Wiesbaden; S. 112: Elke Bräunling: Wenn der Schneeprinz kommt. http://elkeskindergeschichten.blog.de/2009/12/27/schneeprinz-kommt-7646299/; S. 116: Guten Morgen, der Frühling ist da. Text und Musik: Jutta Richter, © KiMu Kinder Musik Verlag GmbH, 45219 Essen
Alle anderen Texte sind Originalbeiträge der Autorinnen und Autoren.

© 2010 Bildungshaus Schulbuchverlage
Westermann Schroedel Diesterweg Schöningh Winklers GmbH, Braunschweig
www.diesterweg.de

Das Werk und seine Teile sind urheberrechtlich geschützt. Jede Nutzung in anderen als den gesetzlich zugelassenen Fällen bedarf der vorherigen schriftlichen Einwilligung des Verlages. Hinweis zu § 52a UrhG: Weder das Werk noch seine Teile dürfen ohne Einwilligung gescannt und in ein Netzwerk eingestellt werden. Dies gilt auch für Intranets von Schulen und sonstigen Bildungseinrichtungen. Auf verschiedenen Seiten dieses Buches befinden sich Verweise (Links) auf Internet-Adressen. Haftungshinweis: Trotz sorgfältiger inhaltlicher Kontrolle wird die Haftung für die Inhalte der externen Seiten ausgeschlossen. Für den Inhalt dieser externen Seiten sind ausschließlich deren Betreiber verantwortlich. Sollten Sie dabei auf kostenpflichtige, illegale oder anstößige Inhalte treffen, so bedauern wir dies ausdrücklich und bitten Sie, uns umgehend per E-Mail davon in Kenntnis zu setzen, damit beim Nachdruck der Verweis gelöscht wird.

Druck A[4] / Jahr 2012
Alle Drucke der Serie A sind im Unterricht parallel verwendbar.

Redaktion: Nicole Amrein
Herstellung: Sonja Burk, Frankfurt/Main
Umschlaggestaltung: Visuelle Lebensfreude, Hannover, Peter Pfeiffer (Illustration), ww.biolib.de (botanische Zeichnung), www.photocase.de (Hintergrund)
Typografie und Layout: Anke Rauschenbach, Annette Henko
Satz und technische Umsetzung: tiff.any GmbH, Berlin
Druck und Bindung: westermann druck GmbH, Braunschweig

ISBN 978-3-425-**14421**-4

Hallo,

ich bin Quiesel. In diesem Heft findest du
alle meine Tipps und Tricks zum Rechtschreiben.
Außerdem habe ich zu jedem Thema eine
kleine Profikarte vorbereitet, mit der du sofort
üben kannst.

Mit der Profikarte arbeitest du so:
Suche dir einen Partner.
Lest die Wörter auf der Profikarte.
Dein Partner diktiert dir ein Wort von deiner Profikarte.
Du schreibst das Wort in dein Heft.

Kint   falsch: Streiche das Wort durch und
           schreibe es noch einmal.
Kind   richtig: Male eine kleine Murmel an.

Wenn du alle kleinen Murmeln in einer Reihe
angemalt hast, darfst du die große Murmel anmalen.
In die erste Spalte der Profikarte kannst du
das Symbol für den Rechtschreibtipp eintragen,
der dir beim Richtigschreiben hilft.

Viel Spaß beim Üben
Quiesel

Profikarte 1 Sprachen verstehen

	der Abschied	ⓢ ⓢ ⓢ ⓢ	Ⓢ
	die Burg	ⓢ ⓢ ⓢ ⓢ	Ⓢ
	Deutschland	ⓢ ⓢ ⓢ ⓢ	Ⓢ
	das Geschenk	ⓢ ⓢ ⓢ ⓢ	Ⓢ
	das Grab	ⓢ ⓢ ⓢ ⓢ	Ⓢ
	der Urlaub	ⓢ ⓢ ⓢ ⓢ	Ⓢ
	der Weg	ⓢ ⓢ ⓢ ⓢ	Ⓢ
	der Zug	ⓢ ⓢ ⓢ ⓢ	Ⓢ
	die Eltern	ⓢ ⓢ ⓢ ⓢ	Ⓢ
	das Erlebnis	ⓢ ⓢ ⓢ ⓢ	Ⓢ
	die Familie	ⓢ ⓢ ⓢ ⓢ	Ⓢ
	Großbritannien	ⓢ ⓢ ⓢ ⓢ	Ⓢ
	der Herr	ⓢ ⓢ ⓢ ⓢ	Ⓢ
	englisch	ⓢ ⓢ ⓢ ⓢ	Ⓢ
	nämlich	ⓢ ⓢ ⓢ ⓢ	Ⓢ
	zurück	ⓢ ⓢ ⓢ ⓢ	Ⓢ

Profikarte 2 Der Ball ist rund

	der Ball	ⓢ ⓢ ⓢ ⓢ	ⓢ
	die Mannschaft	ⓢ ⓢ ⓢ ⓢ	ⓢ
	die Nummer	ⓢ ⓢ ⓢ ⓢ	ⓢ
	das Tennis	ⓢ ⓢ ⓢ ⓢ	ⓢ
	die Turnhalle	ⓢ ⓢ ⓢ ⓢ	ⓢ
	aufstellen	ⓢ ⓢ ⓢ ⓢ	ⓢ
	sammeln	ⓢ ⓢ ⓢ ⓢ	ⓢ
	überall	ⓢ ⓢ ⓢ ⓢ	ⓢ
	das Feld	ⓢ ⓢ ⓢ ⓢ	ⓢ
	die Idee	ⓢ ⓢ ⓢ ⓢ	ⓢ
	das Plakat	ⓢ ⓢ ⓢ ⓢ	ⓢ
	das Spiel	ⓢ ⓢ ⓢ ⓢ	ⓢ
	die Staffel	ⓢ ⓢ ⓢ ⓢ	ⓢ
	starten	ⓢ ⓢ ⓢ ⓢ	ⓢ
	deshalb	ⓢ ⓢ ⓢ ⓢ	ⓢ
	vorher	ⓢ ⓢ ⓢ ⓢ	ⓢ

Profikarte 3 — Feuer und Flamme

	die Beobachtung	☺ ☺ ☺ ☺	🗝
	die Dunkelheit	☺ ☺ ☺ ☺	🗝
	die Erfindung	☺ ☺ ☺ ☺	🗝
	die Erkenntnis	☺ ☺ ☺ ☺	🗝
	die Helligkeit	☺ ☺ ☺ ☺	🗝
	der Irrtum	☺ ☺ ☺ ☺	🗝
	die Veränderung	☺ ☺ ☺ ☺	🗝
	die Verbrennung	☺ ☺ ☺ ☺	🗝
	das Experiment	☺ ☺ ☺ ☺	🗝
	der Herd	☺ ☺ ☺ ☺	🗝
	packen	☺ ☺ ☺ ☺	🗝
	gefährlich	☺ ☺ ☺ ☺	🗝
	heiß	☺ ☺ ☺ ☺	🗝
	unkontrolliert	☺ ☺ ☺ ☺	🗝
	dann	☺ ☺ ☺ ☺	🗝
	später	☺ ☺ ☺ ☺	🗝

Profikarte 4 Feen, Elfen und Kobolde

	der Fuß	⑤ ⑤ ⑤ ⑤	⑤
	das Glas	⑤ ⑤ ⑤ ⑤	⑤
	der Kreis	⑤ ⑤ ⑤ ⑤	⑤
	das Lob	⑤ ⑤ ⑤ ⑤	⑤
	das Moos	⑤ ⑤ ⑤ ⑤	⑤
	der Spaß	⑤ ⑤ ⑤ ⑤	⑤
	groß	⑤ ⑤ ⑤ ⑤	⑤
	weiß	⑤ ⑤ ⑤ ⑤	⑤
	die Fee	⑤ ⑤ ⑤ ⑤	⑤
	der Gast	⑤ ⑤ ⑤ ⑤	⑤
	der Kobold	⑤ ⑤ ⑤ ⑤	⑤
	erzählen	⑤ ⑤ ⑤ ⑤	⑤
	nehmen	⑤ ⑤ ⑤ ⑤	⑤
	herrlich	⑤ ⑤ ⑤ ⑤	⑤
	viel	⑤ ⑤ ⑤ ⑤	⑤
	zahlreich	⑤ ⑤ ⑤ ⑤	⑤

Profikarte 5 Rund ums Buch

	der Klecks	⊙ ⊙ ⊙ ⊙	⊛
	die Mühe	⊙ ⊙ ⊙ ⊙	⊛
	die Ruhe	⊙ ⊙ ⊙ ⊙	⊛
	gehen	⊙ ⊙ ⊙ ⊙	⊛
	leihen	⊙ ⊙ ⊙ ⊙	⊛
	stehen	⊙ ⊙ ⊙ ⊙	⊛
	tricksen	⊙ ⊙ ⊙ ⊙	⊛
	näher	⊙ ⊙ ⊙ ⊙	⊛
	die Illustration	⊙ ⊙ ⊙ ⊙	⊛
	die Party	⊙ ⊙ ⊙ ⊙	⊛
	die Signatur	⊙ ⊙ ⊙ ⊙	⊛
	der Verlag	⊙ ⊙ ⊙ ⊙	⊛
	recherchieren	⊙ ⊙ ⊙ ⊙	⊛
	wählen	⊙ ⊙ ⊙ ⊙	⊛
	interessant	⊙ ⊙ ⊙ ⊙	⊛
	zusammen	⊙ ⊙ ⊙ ⊙	⊛

Profikarte 6 Freundschaft

	annehmen		
	aussuchen		
	haben		
	laufen		
	müssen		
	sehen		
	verraten		
	weggehen		
	die Entschuldigung		
	die Freundschaft		
	der Unterricht		
	fühlen		
	kündigen		
	hinterher		
	ihm		
	jetzt		

Profikarte 7 Film ab!

	der Erfolg	ⓢ ⓢ ⓢ ⓢ	ⓢ
	der Freund	ⓢ ⓢ ⓢ ⓢ	ⓢ
	das Gebäude	ⓢ ⓢ ⓢ ⓢ	ⓢ
	das Geräusch	ⓢ ⓢ ⓢ ⓢ	ⓢ
	das Kino	ⓢ ⓢ ⓢ ⓢ	ⓢ
	ängstlich	ⓢ ⓢ ⓢ ⓢ	ⓢ
	klug	ⓢ ⓢ ⓢ ⓢ	ⓢ
	spannend	ⓢ ⓢ ⓢ ⓢ	ⓢ
	das Drehbuch	ⓢ ⓢ ⓢ ⓢ	ⓢ
	das Publikum	ⓢ ⓢ ⓢ ⓢ	ⓢ
	die Requisiten	ⓢ ⓢ ⓢ ⓢ	ⓢ
	die Szene	ⓢ ⓢ ⓢ ⓢ	ⓢ
	der Tipp	ⓢ ⓢ ⓢ ⓢ	ⓢ
	die Vorführung	ⓢ ⓢ ⓢ ⓢ	ⓢ
	verfolgen	ⓢ ⓢ ⓢ ⓢ	ⓢ
	aufregend	ⓢ ⓢ ⓢ ⓢ	ⓢ

Profikarte 8 — In der Ritterzeit

	der Bär	ⓢ ⓢ ⓢ ⓕ	ⓢ
	die Dämmerung	ⓢ ⓢ ⓢ ⓕ	ⓢ
	das Gerät	ⓢ ⓢ ⓢ ⓕ	ⓢ
	das Mädchen	ⓢ ⓢ ⓢ ⓕ	ⓢ
	das Märchen	ⓢ ⓢ ⓢ ⓕ	ⓢ
	sägen	ⓢ ⓢ ⓢ ⓕ	ⓢ
	spät	ⓢ ⓢ ⓢ ⓕ	ⓢ
	während	ⓢ ⓢ ⓢ ⓕ	ⓢ
	die Rüstung	ⓢ ⓢ ⓢ ⓕ	ⓢ
	der Saal	ⓢ ⓢ ⓢ ⓕ	ⓢ
	der Schild	ⓢ ⓢ ⓢ ⓕ	ⓢ
	das Schwert	ⓢ ⓢ ⓢ ⓕ	ⓢ
	entfachen	ⓢ ⓢ ⓢ ⓕ	ⓢ
	feiern	ⓢ ⓢ ⓢ ⓕ	ⓢ
	würzig	ⓢ ⓢ ⓢ ⓕ	ⓢ
	abends	ⓢ ⓢ ⓢ ⓕ	ⓢ

Profikarte 9 — Kinder der Welt

	der Dachs	⊕ ⊕ ⊕ ⊕	⊕
	die Eidechse	⊕ ⊕ ⊕ ⊕	⊕
	der Erwachsene	⊕ ⊕ ⊕ ⊕	⊕
	der Fuchs	⊕ ⊕ ⊕ ⊕	⊕
	das Gewächs	⊕ ⊕ ⊕ ⊕	⊕
	der Luchs	⊕ ⊕ ⊕ ⊕	⊕
	der Ochse	⊕ ⊕ ⊕ ⊕	⊕
	wechseln	⊕ ⊕ ⊕ ⊕	⊕
	der Einwohner	⊕ ⊕ ⊕ ⊕	⊕
	der Großvater	⊕ ⊕ ⊕ ⊕	⊕
	der Lehm	⊕ ⊕ ⊕ ⊕	⊕
	die Tour	⊕ ⊕ ⊕ ⊕	⊕
	das Verhältnis	⊕ ⊕ ⊕ ⊕	⊕
	fern	⊕ ⊕ ⊕ ⊕	⊕
	fremd	⊕ ⊕ ⊕ ⊕	⊕
	alle	⊕ ⊕ ⊕ ⊕	⊕

Profikarte 10 — Im Urwald

	die Röhre	ⓢ ⓢ ⓢ ⓢ	§
	die Zahl	ⓢ ⓢ ⓢ ⓢ	§
	gewöhnen	ⓢ ⓢ ⓢ ⓢ	§
	wohnen	ⓢ ⓢ ⓢ ⓢ	§
	hohl	ⓢ ⓢ ⓢ ⓢ	§
	ihre	ⓢ ⓢ ⓢ ⓢ	§
	ohne	ⓢ ⓢ ⓢ ⓢ	§
	sehr	ⓢ ⓢ ⓢ ⓢ	§
	der Äquator	ⓢ ⓢ ⓢ ⓢ	§
	das Gebiet	ⓢ ⓢ ⓢ ⓢ	§
	das Klima	ⓢ ⓢ ⓢ ⓢ	§
	der Kolibri	ⓢ ⓢ ⓢ ⓢ	§
	der Nektar	ⓢ ⓢ ⓢ ⓢ	§
	laichen	ⓢ ⓢ ⓢ ⓢ	§
	wachsen	ⓢ ⓢ ⓢ ⓢ	§
	tropisch	ⓢ ⓢ ⓢ ⓢ	§

Profikarte 11 Bilder lesen

	die Handlung	☺ ☺ ☺ ☺	🧬
	der Schluss	☺ ☺ ☺ ☺	🧬
	der Stift	☺ ☺ ☺ ☺	🧬
	der Text	☺ ☺ ☺ ☺	🧬
	anfertigen	☺ ☺ ☺ ☺	🧬
	bekommen	☺ ☺ ☺ ☺	🧬
	einfärben	☺ ☺ ☺ ☺	🧬
	bestimmt	☺ ☺ ☺ ☺	🧬
	der Comic	☺ ☺ ☺ ☺	🧬
	der Effekt	☺ ☺ ☺ ☺	🧬
	die Pointe	☺ ☺ ☺ ☺	🧬
	die Skizze	☺ ☺ ☺ ☺	🧬
	notieren	☺ ☺ ☺ ☺	🧬
	ähnlich	☺ ☺ ☺ ☺	🧬
	überraschend	☺ ☺ ☺ ☺	🧬
	zufrieden	☺ ☺ ☺ ☺	🧬

Profikarte 12 Selten so gelacht

	der Hai	ⓢ ⓢ ⓢ ⓢ	§
	der Kaiser	ⓢ ⓢ ⓢ ⓢ	§
	der Laich	ⓢ ⓢ ⓢ ⓢ	§
	der Laie	ⓢ ⓢ ⓢ ⓢ	§
	Mai	ⓢ ⓢ ⓢ ⓢ	§
	der Mais	ⓢ ⓢ ⓢ ⓢ	§
	die Saite	ⓢ ⓢ ⓢ ⓢ	§
	die Waise	ⓢ ⓢ ⓢ ⓢ	§
	die Hilfe	ⓢ ⓢ ⓢ ⓢ	§
	die Klingel	ⓢ ⓢ ⓢ ⓢ	§
	das Problem	ⓢ ⓢ ⓢ ⓢ	§
	der Zentimeter	ⓢ ⓢ ⓢ ⓢ	§
	abstatten	ⓢ ⓢ ⓢ ⓢ	§
	ganz	ⓢ ⓢ ⓢ ⓢ	§
	weg	ⓢ ⓢ ⓢ ⓢ	§
	zuerst	ⓢ ⓢ ⓢ ⓢ	§

13

Profikarte 13 Rad fahren

	die Kurve	① ② ③ ④	⑤
	das Ventil	① ② ③ ④	⑤
	der Verkehr	① ② ③ ④	⑤
	verlieren	① ② ③ ④	⑤
	voll	① ② ③ ④	⑤
	vorsichtig	① ② ③ ④	⑤
	davon	① ② ③ ④	⑤
	vier	① ② ③ ④	⑤
	der Bordstein	① ② ③ ④	⑤
	der Frontreflektor	① ② ③ ④	⑤
	der Helm	① ② ③ ④	⑤
	die Prüfung	① ② ③ ④	⑤
	der Reifen	① ② ③ ④	⑤
	die Reihe	① ② ③ ④	⑤
	bestehen	① ② ③ ④	⑤
	schnell	① ② ③ ④	⑤

Profikarte 14 Herbst

	der Schmutz	ⓢ ⓢ ⓢ ⓢ	Ⓢ
	der Schutz	ⓢ ⓢ ⓢ ⓢ	Ⓢ
	der Schützling	ⓢ ⓢ ⓢ ⓢ	Ⓢ
	schützen	ⓢ ⓢ ⓢ ⓢ	Ⓢ
	verschmutzen	ⓢ ⓢ ⓢ ⓢ	Ⓢ
	beschützt	ⓢ ⓢ ⓢ ⓢ	Ⓢ
	schmutzig	ⓢ ⓢ ⓢ ⓢ	Ⓢ
	schutzlos	ⓢ ⓢ ⓢ ⓢ	Ⓢ
	der Abfall	ⓢ ⓢ ⓢ ⓢ	Ⓢ
	die Pracht	ⓢ ⓢ ⓢ ⓢ	Ⓢ
	genießen	ⓢ ⓢ ⓢ ⓢ	Ⓢ
	spazieren	ⓢ ⓢ ⓢ ⓢ	Ⓢ
	achtlos	ⓢ ⓢ ⓢ ⓢ	Ⓢ
	gemütlich	ⓢ ⓢ ⓢ ⓢ	Ⓢ
	herbstlich	ⓢ ⓢ ⓢ ⓢ	Ⓢ
	sonnig	ⓢ ⓢ ⓢ ⓢ	Ⓢ

Profikarte 15   Winter

	die Glocke	ⓢ ⓢ ⓢ ⓢ	ⓢ
	die Katze	ⓢ ⓢ ⓢ ⓢ	ⓢ
	die Mütze	ⓢ ⓢ ⓢ ⓢ	ⓢ
	erschrecken	ⓢ ⓢ ⓢ ⓢ	ⓢ
	flitzen	ⓢ ⓢ ⓢ ⓢ	ⓢ
	setzen	ⓢ ⓢ ⓢ ⓢ	ⓢ
	stricken	ⓢ ⓢ ⓢ ⓢ	ⓢ
	dick	ⓢ ⓢ ⓢ ⓢ	ⓢ
	das Feuer	ⓢ ⓢ ⓢ ⓢ	ⓢ
	der Frost	ⓢ ⓢ ⓢ ⓢ	ⓢ
	das Holz	ⓢ ⓢ ⓢ ⓢ	ⓢ
	der Pullover	ⓢ ⓢ ⓢ ⓢ	ⓢ
	der Schlitten	ⓢ ⓢ ⓢ ⓢ	ⓢ
	der Schnee	ⓢ ⓢ ⓢ ⓢ	ⓢ
	anziehen	ⓢ ⓢ ⓢ ⓢ	ⓢ
	nachts	ⓢ ⓢ ⓢ ⓢ	ⓢ

Profikarte 16 — Frühling

	das Gras	ⓢ ⓢ ⓢ ⓕ	Ⓢ
	der Gruß	ⓢ ⓢ ⓢ ⓕ	Ⓢ
	die Straße	ⓢ ⓢ ⓢ ⓕ	Ⓢ
	der Strauß	ⓢ ⓢ ⓢ ⓕ	Ⓢ
	die Vase	ⓢ ⓢ ⓢ ⓕ	Ⓢ
	gießen	ⓢ ⓢ ⓢ ⓕ	Ⓢ
	außerdem	ⓢ ⓢ ⓢ ⓕ	Ⓢ
	draußen	ⓢ ⓢ ⓢ ⓕ	Ⓢ
	das Gänseblümchen	ⓢ ⓢ ⓢ ⓕ	Ⓢ
	das Veilchen	ⓢ ⓢ ⓢ ⓕ	Ⓢ
	kitzeln	ⓢ ⓢ ⓢ ⓕ	Ⓢ
	ziehen	ⓢ ⓢ ⓢ ⓕ	Ⓢ
	angenehm	ⓢ ⓢ ⓢ ⓕ	Ⓢ
	richtig	ⓢ ⓢ ⓢ ⓕ	Ⓢ
	bisschen	ⓢ ⓢ ⓢ ⓕ	Ⓢ
	inzwischen	ⓢ ⓢ ⓢ ⓕ	Ⓢ

Abschreiben mit der Quiesel-Karte

Bilder

Bildre
Bilder

Lies das Wort und sprich es deutlich.
Merke dir die schwierigen Stellen.

Decke das Wort mit der Karte ab.

Schreibe das Wort auf. Sprich leise mit.
Vergleiche dein Wort mit der Vorlage.

~~Bildre~~ Ein Fehler?

Bilder Streiche dein Wort durch
und schreibe es richtig auf.

Kontrollieren mit der Quiesel-Karte

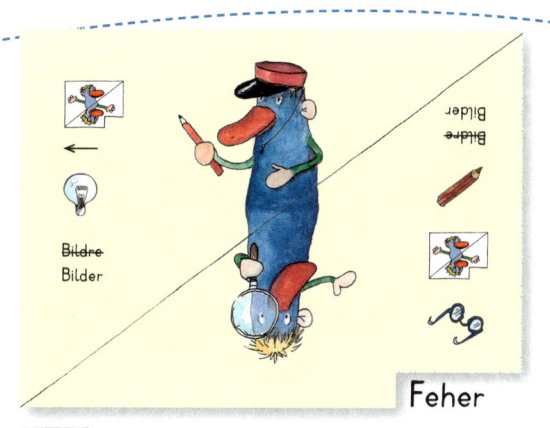

Feher

- Lege die Quiesel-Karte so auf den Text.
- ← Lies den Text Wort für Wort von hinten.
- Lies jedes Wort laut. Prüfe, ob es richtig geschrieben ist.
- ~~Feher~~ Ein Fehler?
- Fehler Streiche das falsche Wort durch und schreibe es richtig auf.

Fehler finden mit der Quiesel-Karte

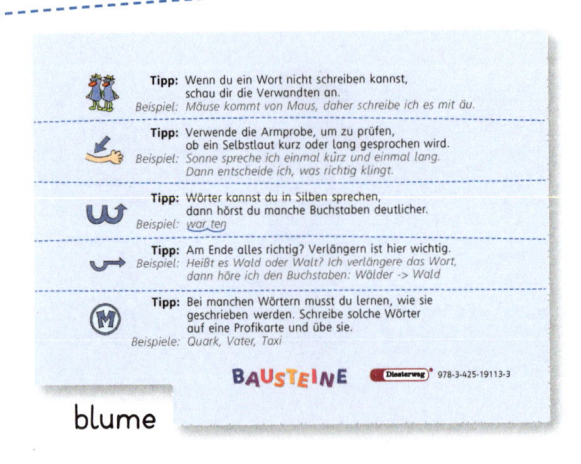

> **Tipp:** Wenn du ein Wort nicht schreiben kannst, schau dir die Verwandten an.
> *Beispiel:* Mäuse kommt von Maus, daher schreibe ich es mit äu.
>
> **Tipp:** Verwende die Armprobe, um zu prüfen, ob ein Selbstlaut kurz oder lang gesprochen wird.
> *Beispiel:* Sonne spreche ich einmal kurz und einmal lang. Dann entscheide ich, was richtig klingt.
>
> **Tipp:** Wörter kannst du in Silben sprechen, dann hörst du manche Buchstaben deutlicher.
> *Beispiel:* war_ten
>
> **Tipp:** Am Ende alles richtig? Verlängern ist hier wichtig.
> *Beispiel:* Heißt es Wald oder Walt? Ich verlängere das Wort, dann höre ich den Buchstaben: Wälder -> Wald
>
> **Tipp:** Bei manchen Wörtern musst du lernen, wie sie geschrieben werden. Schreibe solche Wörter auf eine Profikarte und übe sie.
> *Beispiele:* Quark, Vater, Taxi
>
> **BAUSTEINE** Diesterweg 978-3-425-19113-3

blume

Lies den Text aufmerksam Wort für Wort.

- Hast du ein Wort vergessen?
- Hast du alle Punkte, Ausrufezeichen oder Fragezeichen gesetzt?
- Hast du am Satzanfang großgeschrieben?
- Prüfe bei jedem Wort die Besonderheiten. Nutze die Rechtschreibtipps auf der Karte.